미래와 통하는 책

동양북스 외국어 베스트 도서

700만 독자의 선택!

새로운 도서, 다양한 자료 동양북스 홈페이지에서 만나보세요!

www.dongyangbooks.com
m.dongyangbooks.com

※ 학습자료 및 MP3 제공 여부는 도서마다 상이하므로 확인 후 이용 바랍니다.

홈페이지 도서 자료실에서 학습자료 및 MP3 무료 다운로드

PC

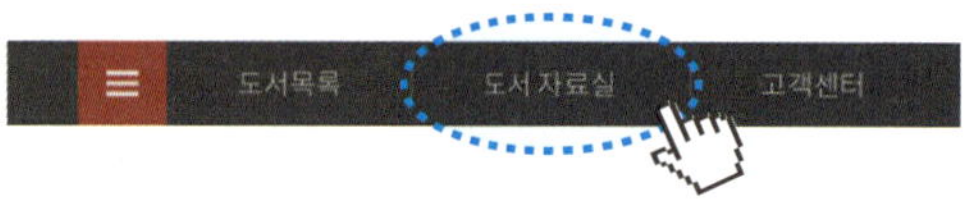

❶ 홈페이지 접속 후 도서 자료실 클릭
❷ 하단 검색 창에 검색어 입력
❸ MP3, 정답과 해설, 부가자료 등 첨부파일 다운로드
* 원하는 자료가 없는 경우 '요청하기' 클릭!

MOBILE

* 반드시 '인터넷, Safari, Chrome' App을 이용하여 홈페이지에 접속해주세요. (네이버, 다음 App 이용 시 첨부파일의 확장자명이 변경되어 저장되는 오류가 발생할 수 있습니다.)

❶ 홈페이지 접속 후 ☰ 터치

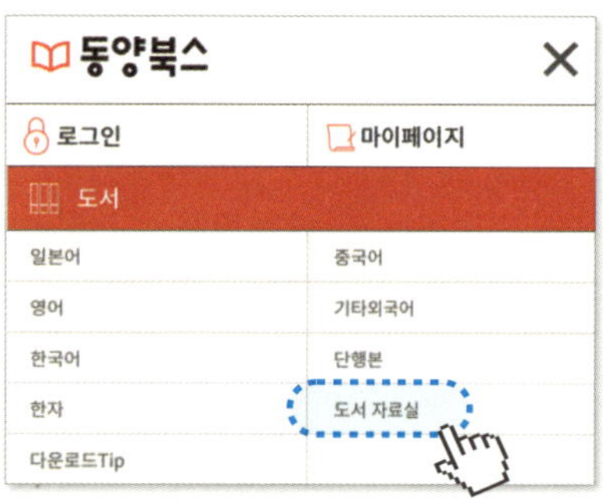

❷ 도서 자료실 터치

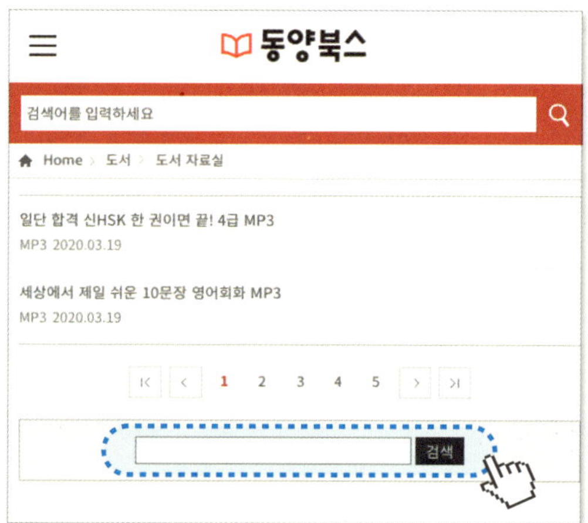

❸ 하단 검색창에 검색어 입력
❹ MP3, 정답과 해설, 부가자료 등 첨부파일 다운로드
* 압축 해제 방법은 '다운로드 Tip' 참고

일본어뱅크 흥미로운 테마로 쉽고 재밌게 읽는

New스타일 일본어 독해 2

박선옥, 이병만 지음

동양북스

일본어뱅크 흥미로운 테마로 쉽고 재밌게 읽는

New스타일 일본어 독해 2

초판 3쇄 | 2024년 8월 1일

지은이 | 박선옥, 이병만

발행인 | 김태웅
책임 편집 | 하시모토 나나에
편 집 | 길혜진, 이서인
디자인 | 남은혜, 김지혜
마케팅 총괄 | 김철영
온라인 마케팅 | 김은진
제 작 | 현대순

발행처 | ㈜동양북스
등 록 | 제 2014-000055호
주 소 | 서울시 마포구 동교로22길 14 (04030)
구입 문의 | 전화 (02)337-1737 팩스 (02)334-6624
내용 문의 | 전화 (02)337-1762 dybooks2@gmail.com

ISBN 979-11-5703-031-6 13730

머리말

Prologue

본 교재는 중급에서 상급 단계로 나아가는 것을 목표로 하는 일본어 학습자에게 도움이 되고자 저술한 독해 교재입니다.

본 교재는 읽는 연습은 물론이고 본문에 새로 나온 낱말과 표현, 그리고 문형 및 문법을 공부하고, 기본 연습 문제와 심화 연습 문제를 통하여 내용을 이해하고 확인해 보며 일본어 실력을 향상시키는 것을 목적으로 하고 있습니다.

각 과의 구성은 '본문 읽기1'에서는 대략적인 내용을 학습자 스스로 파악하게 한 다음, '본문 읽기2'에서 전체적인 내용을 꼼꼼하게 정독하면서 독해 실력을 다지는 형식으로 꾸몄습니다.

다음으로 각 과에서 꼭 필요한 문법 사항은 핵심 문형을 통해서 알기 쉽게 배울 수 있도록 배려해 놓았으며, 연습 문제를 통하여 응용할 수 있는 힘을 키울 수 있도록 집필하였습니다. 특히 심화 연습 문제에서는 新일본어능력시험이나 JPT 등에도 자연스럽게 대비할 수 있도록 문제를 구성하였습니다.

또, 쉬어가기 코너에서는 본문의 내용과 연관된 일본 문화를 소개함으로써 학습자들에게 학습동기와 흥미를 유발시켜 수업에 적극적으로 참여할 수 있도록 유도하였습니다.

본 교재가 독해 교재인 만큼 1권과 마찬가지로 무엇보다 충실하게 집필하고자 노력했던 코너는 본문 내용 부분입니다. 본문의 내용은 일본의 연중행사를 토대로 하였는데, 단순히 일본문화를 소개하는 데 그치지 않고, 지도교수님이신 나카무라 유키히로 교수님의 조언을 얻어 각 행사의 유래라든지 어원 등의 정보까지 상세하게 다루었을 뿐만 아니라 어휘 선정 등에도 심혈을 기울여서 집필하였습니다.

본 교재를 통하여 일본어 학습자들이 일본어 실력이 향상되는 것은 물론이고 일본의 생활 풍습 및 전통 문화에 대해서도 친숙해질 수 있는 계기가 되었으면 좋겠습니다.

저자 일동

목차

Contents

▶ 본문 음성(MP3 파일), 해석 및 연습 문제 정답은 동양북스 홈페이지(http://www.dongyangbooks.com) 'MP3&자료실'에서 다운받으실 수 있습니다.

이 책의 구성

워밍업 / 핵심 표현 / 단어 노트

워밍업에서는 각 과의 주제에 대한 질문을 통해 그 과에서 배울 내용에 대해 호기심을 가질 수 있도록 합니다.

핵심 표현은 그 과에서 배울 핵심 문형을 한눈에 파악할 수 있습니다.

단어 노트에는 각 과의 독해 지문에서 꼭 알아두어야 할 단어와 표현들을 정리해 놓았습니다.

본문 읽기 1-1, 1-2 / 내용 확인 문제 1-1, 1-2

본문 읽기 1-1, 1-2에서는 학습자 스스로 읽어 보면서 전체 흐름을 파악해 보고 내용 확인 문제 1-1, 1-2를 풀어 볼 수 있도록 유도합니다. 내용 확인 문제 1-1, 1-2는 글을 읽으면서 필요한 정보만 추출할 수 있는 독해 능력을 키울 수 있습니다.

본문 읽기 2 / 내용 확인 문제 2

본문 읽기 2를 통해 교사와 학습자가 함께 천천히 읽어 보면서 전체 내용을 정확하게 이해한 후, 내용 확인 문제 2를 풀어 보며 다시 한번 본문 전체를 이해하고 정리할 수 있도록 합니다.

쉬어가기

본문에 나왔던 키워드를 바탕으로 본문에서 다루지 못한 일본 문화를 엿볼 수 있습니다.

핵심 문형

각 과마다 꼭 배워야 할 핵심 문형을 정리해 놓았습니다. 문법 설명과 함께 다양한 예문을 통해 문형을 완벽하게 익힐 수 있도록 합니다.

기본 연습 문제

어휘부터 문형(문법)까지 다양한 형태의 연습 문제를 통해 학습자의 실력을 점검할 수 있습니다.

심화 연습 문제

新일본어능력시험과 JPT 독해 시험을 대비한 중문의 독해 문제를 풀어 보며, 각종 시험에도 대비할 수 있도록 하였습니다.

학습 구성표

과	과 제목	주요 학습 목표	문형
01과	正月(しょうがつ) 설날	일본에서는 설날을 어떻게 보내는지 음식, 놀이, 다양한 행사 등을 통해 이해할 수 있다.	～とは というのは ～にわたって 명사 수식에 제한이 있는 특수한 い형용사
02과	節分(せつぶん) 세쓰분	'세쓰분'의 사전적인 뜻을 파악하고 '세쓰분'의 관습과 유래를 이해할 수 있다.	～だけでなく ～ごとに いずれにしても ～ず
03과	雛祭(ひなまつ)り 히나마쓰리	'히나인형'의 종류와 '히나마쓰리'의 역사적인 배경, 인형의 배치 등을 이해할 수 있다.	～といっても ～わけではない ～に伴(ともな)い 決(けっ)して～ない
04과	子(こ)どもの日(ひ) 어린이날	일본 어린이날의 역사적인 배경과 그날 인형, 투구, 고이노보리 등을 장식하는 의미를 이해할 수 있다.	～にとって ～ということだ ～ところから・～ことから まさに
05과	七夕(たなばた) 칠석	일본 칠석의 전설, 관습, 별자리를 이해하고 농경 문화와 연결된 풍습을 이해할 수 있다.	～ことにする ～かねる ～よう(に) ～つつある
06과	お中元(ちゅうげん)・お歳暮(せいぼ) 오추겐 · 오세보	'오추겐'과 '오세보'의 역사, 인기 있는 선물, 선물 보내는 방법, 포장 방법 등에 관해서 이해할 수 있다.	～とされる ～といい ただし よって

과	과 제목	주요 학습 목표	문형
07과	花火大会(はなびたいかい) 불꽃놀이	일본 불꽃의 종류와 '스미다가와 불꽃 축제'의 역사, 관객의 구호 등에 대해서 이해할 수 있다.	～に違(ちが)いない ～やすい ～たびに ～まま
08과	七五三(しちごさん) 시치고산	'시치고산'의 날짜, 대상을 비롯하여 '시치고산'의 역사, 관습에 대해서 이해할 수 있다.	～をはじめとして ～に代(か)わって ～わけだ ～ものだ
09과	紅葉狩(もみじが)り 단풍놀이	'가리'의 사전적인 뜻과 파생적인 뜻을 파악하고 '모미지'의 유래와 단풍전선을 이해할 수 있다.	～につれて さらに というのも、～からだ いつしか
10과	和服(わふく) 일본의 전통의상	'와후쿠'의 뜻과 용도를 파악하고, '유카타'의 변천 과정과 입을 때의 주의할 점을 이해할 수 있다.	～しか～ない ～と違(ちが)って ～(を)問(と)わず ～向(む)けに
11과	祭(まつ)り 축제	'마쓰리'의 목적과 종류, 그리고 '나쓰마쓰리'의 특징을 파악하고 '마쓰리'라는 말의 쓰임에 대해서 이해할 수 있다.	～を通(とお)して ～に加(くわ)えて ～とともに ～がち
12과	相撲(すもう) 스모	'스모'의 역사적인 배경을 파악하고 '반즈케'나 '요코즈나'의 역할에 대해서 이해할 수 있다.	やがて ～続(つづ)ける どれほど～か より

01과

正月 설날

워밍업 Warming-up

❶ 일본의「正月」하면 무엇이 떠오르나요?

❷ 일본인은「正月」를 어떻게 보낼까요?

핵심 표현 key Expression

❶ お節料理とはお正月に食べる料理で、彩りがきれいである。

❷ お節料理は甘いものが多い。というのは、料理が腐らないように砂糖をたくさん入れるからだ。

❸ それを三日間にわたって食べ続けたからだ。

❹ 近くの神社で初詣を済ませ、そこで神棚に飾るお札を買ったりする。

단어 노트

- 祝(いわ)う 축하하다
- 神棚(かみだな) 집안에 신을 모셔 놓은 곳
- 慣(なら)わし 습관, 풍습
- 床(とこ)の間(ま) 일본식 방의 상좌에 바닥을 약간 높게 만든 곳
- 飾(かざ)る 장식하다, 꾸미다
- 鏡餅(かがみもち) 설에 床の間에 차려 두는 둥글납작한 떡
- あるいは 혹은, 또는
- 省略(しょうりゃく)する 생략하다
- 彩(いろど)り 채색, 색의 배합
- というのは 왜냐하면, 그 이유는
- 腐(くさ)る 썩다, 상하다
- ～にわたる ~에 걸치다, ~에 걸친
- 縁起(えんぎ)を担(かつ)ぐ 일에 길흉을 따지다, 미신적인 데가 있다
- まめに 부지런히, 성실히
- 豆(まめ) 콩
- 数(かず)の子(こ) 말린 청어알
- 済(す)む 끝나다, 완료되다
- 年賀状(ねんがじょう) 연하장
- 届(とど)く (보낸 것이) 닿다, 도착하다
- 新年早々(しんねんそうそう) 신년 벽두, 새해 벽두
- 慌(あわ)てる 당황하다, 허둥대다
- 遊(あそ)び 놀이
- 和歌(わか) 일본 고유 형식의 시(詩)
- 組(く)み合(あ)わせる 짜 맞추다, 조합하다
- 歴史(れきし) 역사
- 似(に)る 닮다, 비슷하다
- ほかにも 그 밖에도
- さいころを振(ふ)る 주사위를 던지다
- 駒(こま)を進(すす)める 말을 다음 단계로 진행시키다
- 着(つ)く 닿다, 도착하다
- 競(きそ)う 겨루다, 경쟁하다
- わざわざ 일부러, 특별히
- お札(ふだ) 부적
- 門松(かどまつ) 새해에 문 앞에 세우는 소나무 장식
- 七草粥(ななくさがゆ) 음력 1월 7일에 먹는 봄의 채소 일곱 가지를 넣어서 쑨 죽
- 片付(かたづ)ける 정리하다

Reading 01 과

본문 읽기 1-1

正月（しょうがつ）

Track 01-01

一年の最初の月といえば一月だが、日本ではこの月を「正月」ともいう。そして特別に新年を祝う最初の三日間を「三箇日（さんがにち）」といい、一月一日を「元日（がんじつ）」、元日の朝を「元旦（がんたん）」という。

元旦には、まず神棚（かみだな）の神に新年の挨拶をするのが慣わしだ。最近では神棚のない家があって、①そういう家の場合は、床（とこ）の間（ま）に飾った鏡餅（かがみもち）の前で同じようなことをしたりする。あるいは神棚も床の間もない家の場合はこれらを省略し、家族が集まって「お屠蘇（とそ）」というお酒で乾杯をして新年を祝いながら、お節料理（せちりょうり）を食べる所（ところ）も多くなってきている。

お節料理とは正月に食べる料理で、彩りがきれいであるが、甘いものが多い。というのは、冷蔵庫のない時代に料理が腐らないように砂糖をたくさん入れ、②それを三日間にわたって食べ続けたからだ。お節料理には縁起（えんぎ）を担（かつ）いだものも多い。「まめに働くように」という意味で豆の料理を作ったり、「子どもがたくさんできるように」という意味で数（かず）の子（こ）の料理を作ったりする。

Writing

01과

내용 확인 문제 1-1

1 1월 1일부터 3일까지를 부르는 말로 올바른 것을 다음 ①~④에서 하나 고르세요.

① 正月(しょうがつ)　② 三箇日(さんがにち)　③ 元日(がんじつ)　④ 元旦(がんたん)

2 '一月'와 같은 말을 찾아 써 보세요.

→ ______________________________

3 '①そういう家'가 가리키는 말을 찾아 써 보세요.

→ ______________________________

4 '②それ'가 가리키는 말을 찾아 써 보세요.

→ ______________________________

핵심 포인트

일본의 신년을 맞이하는 첫 달을 어떻게 부르는지, 신년을 축하하며 마시는 술을 무엇이라고 하고, 이때 먹는 음식을 무엇이라고 하는지, 또 그 요리에 어떤 의미가 담겨 있는지 등의 정보를 파악해 보면 내용을 쉽게 이해할 수 있다.

Reading 01과 본문 읽기 1-2

Track 01-02

食事が済むころになると、家に年賀状(ねんがじょう)が届く。年賀状にはいろいろな絵や新年の挨拶が書いてあるので、①それを見るのも楽しみだが、こちらから送っていない相手から届いていると、新年早々(しんねんそうそう)慌てて返事を書かなければならない。年賀状が遅れると、相手に大変失礼になるからだ。

また、子どもたちは正月遊びを楽しむが、その一つに百人一首(ひゃくにんいっしゅ)がある。百人一首とは和歌(わか)が書かれたカードを組み合わせて遊ぶもので、平安時代(へいあんじだい)からの長い歴史がある。百人一首と似たような遊びとして「歌かるた」というゲームもある。ほかにも、「双六(すごろく)」といって、さいころを振って出た数だけ駒(こま)を進めて、誰が先にゴールに着くかを競うゲームがある。

正月には、神社や寺に初詣(はつもうで)に行き、神や仏に手を合わせて祈る。例えば、「元朝参り(がんちょうまいり)」といって元日の朝に初詣に行き、②そのあと家に帰ってから新年を祝ったりする。初詣は二日や三日に行ってもよく、午後に行ってもよい。有名な神社にわざわざ遠くまで行く人もいるが、近くの神社で初詣を済ませ、③そこで神棚に飾るお札(ふだ)を買う人も多い。

正月の七日間は、一年の幸せを運んでくれる年神(としがみ)を迎えるため、家の前に門松(かどまつ)を飾るが、七日の日に「七草粥(ななくさがゆ)」を食べてから門松を片付けると、長く楽しい正月は終わる。

Writing 01과

내용 확인 문제 1-2

1 '①それ'가 가리키는 말을 찾아 써 보세요.

→ ______

2 '正月遊び'가 아닌 것을 다음 ①~④에서 하나 고르세요.

① 百人一首(ひゃくにんいっしゅ) ② 初詣(はつもうで) ③ 歌かるた ④ 双六(すごろく)

3 '②そのあと'가 가리키는 말을 찾아 써 보세요.

→ ______

4 '③そこ'가 가리키는 말을 찾아 써 보세요.

→ ______

핵심 포인트

일본에서 설날에 흔히 보이는 풍경인 年賀状(ねんがじょう), 正月遊び(しょうがつあそ), 初詣(はつもうで) 등에 대해서 이해하고, 집 앞에 門松(かどまつ)를 장식하는 이유가 무엇인지, 또 설날의 마무리를 어떻게 하는지 등의 정보를 파악해 보면 내용을 쉽게 이해할 수 있다.

Reading 01 과

본문 읽기 2

正月

Track 01-03

一年の最初の月といえば一月だが、日本ではこの月を「正月」ともいう。そして特別に新年を祝う最初の三日間を「三箇日」といい、一月一日を「元日」、元日の朝を「元旦」という。

元旦には、まず神棚の神に新年の挨拶をするのが慣わしだ。最近では神棚のない家があって、そういう家の場合は、床の間に飾った鏡餅の前で同じようなことをしたりする。あるいは神棚も床の間もない家の場合はこれらを省略し、家族が集まって「お屠蘇」というお酒で乾杯をして新年を祝いながら、お節料理を食べる所も多くなってきている。

お節料理とは正月に食べる料理で、彩りがきれいであるが、甘いものが多い。というのは、冷蔵庫のない時代に料理が腐らないように砂糖をたくさん入れ、それを三日間にわたって食べ続けたからだ。お節料理には縁起を担いだものも多い。「まめに働くように」という意味で豆の料理を作ったり、「子どもがたくさんできるように」という意味で数の子の料理を作ったりする。

食事が済むころになると、家に年賀状が届く。年賀状にはいろいろな絵や新年の挨拶が書いてあるので、それを見るのも楽しみだが、こちらから送っていない相手から届いていると、新年早々慌てて返事を書かなければならない。年賀状が遅れると、相手に大変失礼になるからだ。

また、子どもたちは正月遊びを楽しむが、その一つに百人一首がある。百人一首とは和歌が書かれたカードを組み合わせて遊ぶもので、平安時代からの長い歴史がある。百人一首と似たような遊びとして「歌かるた」というゲームもある。ほかにも、

「双六」といって、さいころを振って出た数だけ駒を進めて、誰が先にゴールに着くかを競うゲームがある。

正月には、神社や寺に初詣に行き、神や仏に手を合わせて祈る。例えば、「元朝参り」といって元日の朝に初詣に行き、そのあと家に帰ってから新年を祝ったりする。初詣は二日や三日に行ってもよく、午後に行ってもよい。有名な神社にわざわざ遠くまで行く人もいるが、近くの神社で初詣を済ませ、そこで神棚に飾るお札を買う人も多い。

正月の七日間は、一年の幸せを運んでくれる年神を迎えるため、家の前に門松を飾るが、七日の日に「七草粥」を食べてから門松を片付けると、長く楽しい正月は終わる。

Writing 01과

내용 확인 문제 2

◉ 다음 본문의 내용에 대한 질문에 답해 보세요.

1 「お節料理(せちりょうり)」には、どんなものがありますか。

→ ＿＿＿＿＿＿＿＿＿＿＿＿＿＿＿＿＿＿＿＿＿＿＿＿＿＿＿＿

2 「お節料理」には、それぞれどんな意味(いみ)がありますか。

→ ＿＿＿＿＿＿＿＿＿＿＿＿＿＿＿＿＿＿＿＿＿＿＿＿＿＿＿＿

＿＿＿＿＿＿＿＿＿＿＿＿＿＿＿＿＿＿＿＿＿＿＿＿＿＿＿＿

3 送(おく)っていない人(ひと)から年賀状(ねんがじょう)が来(き)た場合(ばあい)、どうしなければなりませんか。

→ ＿＿＿＿＿＿＿＿＿＿＿＿＿＿＿＿＿＿＿＿＿＿＿＿＿＿＿＿

4 正月(しょうがつ)の遊(あそ)びにはどんなものがありますか。

→ ＿＿＿＿＿＿＿＿＿＿＿＿＿＿＿＿＿＿＿＿＿＿＿＿＿＿＿＿

5 「双六(すごろく)」の遊び方(かた)を簡単(かんたん)に説明(せつめい)しなさい。

→ ＿＿＿＿＿＿＿＿＿＿＿＿＿＿＿＿＿＿＿＿＿＿＿＿＿＿＿＿

＿＿＿＿＿＿＿＿＿＿＿＿＿＿＿＿＿＿＿＿＿＿＿＿＿＿＿＿

6 正月に神社(じんじゃ)や寺(てら)に行(い)ってどんなことをしますか。

→ ＿＿＿＿＿＿＿＿＿＿＿＿＿＿＿＿＿＿＿＿＿＿＿＿＿＿＿＿

쉬어 가기

お節料理(오세치요리)

お節料理란 옛날에는 五節句(음력 1월 1일, 3월 3일, 5월 5일, 7월 7일, 9월 9일)에 먹는 축하요리를 가리켰지만, 지금은 お正月에 먹는 요리만을 가리킨다. 본래는 이것은 年神様를 공양하기 위한 요리로, 大晦日에 찬합(重箱)에 담은 お節를 お正月 장식을 한 床の間 등에 차려두었던 것을 가리킨다. 이것이 에도시대 말기에 서민들에게 널리 퍼졌으며, 지역이나 집안에 따라 특색 있는 요리로 발전한 것이다

일본에서는 설날에 오곡을 다스리는 신들을 모시는 날로 여기고 있어서 이날은 불을 쓰지 않는 풍습이 었다. 따라서 미리 음식을 만들어서 설 연휴 동안 먹었다고 한다. 이 お節料理는 국물이 없으며 쉬거나 쉽게 상하는 음식이 아니기 때문에 3일 동안에 손님이 방문하면 찬합에 이미 만들어진 요리를 차려내기만 하면 되고 명절 내내 취사를 하는 일 등이 없기 때문에 여성들은 그 기간 동안 가사노동으로부터 해방이 되는 셈이다.

お節料理의 각 음식은 나름대로 의미를 지니는데, 검은콩(黒豆)은 무병안녕(無病息災)을 상징하며, 멸치(ごまめ)는 풍작을 뜻한다. 새우(海老)는 장수, 연근(蓮根)은 지혜, 밤(栗きんとん)은 재운을 의미한다. 다시마(昆布)는 한 해 동안 좋은 일이 생기기를 기원하는 음식이며, 청어 알(数の子)은 자손이 번성하기를 바라는 의미이다.

Pattern 01과 **핵심 문형**

01 ～とは ~라는 것은, ~은(는)

명사에 연결되어 그 의미나 성격 등을 말할 때 사용하며, 「～とは～ことだ/ものだ/という意味(いみ)だ」의 형태로 많이 쓰인다. 「～というのは」와 의미 · 용법은 같지만, 「～とは」가 더 문장체적인 표현이다.

- お節料理(せちりょうり)とは正月(しょうがつ)に食(た)べる料理で、彩(いろど)りがきれいである。
- 正数(せいすう)とは、0(ゼロ)より大(おお)きい数(かず)をいう。
- パソコンとは、個人(こじん)で使(つか)える小型(こがた)のコンピューターのことだ。

02 というのは 왜냐하면, 그 이유는

접속사적으로 사용되어 원인 · 이유의 설명을 이끌어내는 데 사용된다. 뒤에 이어지는 문장은 「～からだ(~기 때문이다), ～のだ(~기 때문이다), ～ためだ(~기 때문이다)」 등으로 끝나는 경우가 많고, 주로 회화체적인 표현에 많이 쓰인다.

- お節料理は甘いものが多い。というのは、料理が腐(くさ)らないように砂糖(さとう)をたくさん入(い)れるからだ。
- 彼(かれ)は欠席(けっせき)が多(おお)い。というのは、アルバイトで忙(いそが)しいのだ。
- あの人(ひと)には友達(ともだち)がいない。というのは、いつも人の悪口(わるぐち)を言(い)うためだ。

낱말과 표현

正数(せいすう) 정수 | 個人(こじん) 개인 | 小型(こがた) 소형 | 悪口(わるぐち)を言(い)う 욕하다, 험담하다

03 ～にわたって ～에 걸쳐서

명사에 연결되며, 그 상태가 시간적 · 공간적으로 그 범위 전체로 확산되고 있음을 나타내는 표현이다. 「～にわたって」는 동사를 수식하는 경우가 많지만, 명사를 수식할 때는 「명사(1)＋ にわたる/にわたった ＋ 명사(2)」의 형태로 쓰인다.

- それを三日間にわたって食べ続けたからだ。
- 地震が東京から静岡にわたってありました。
- 広範囲にわたった海の汚染が、問題になっている。

04 명사 수식에 제한이 있는 특수한 い형용사

「近い, 遠い, 多い, 少ない」 등의 い형용사는 단독으로 명사를 수식하지 못하고, 「近くの, 遠くの, 多くの, 少しの」의 형태로 명사를 수식한다. 단, 이들이 절의 술어로서 기능을 할 때는 명사 수식이 가능해진다.

- 近くの神社で初詣を済ませ、そこでお札を買ったりする。
- 日本から最も近い国、韓国。
- 私はその夜多くのことを学んだ。
- 店に人が多いときはあまり行きたくない。
- 彼女は少しの間そのあたりに滞在していた。
- 画数が少ない漢字は書きやすい。

낱말과 표현

広範囲 광범위 | 汚染 오염 | 問題 문제 | 学ぶ 배우다 | 滞在する 체재하다, 체류하다 | 画数 획수

Exercise 01과 기본 연습 문제

1 다음 밑줄 친 단어 중 한자는 히라가나로, 가타카나는 한자로 고쳐 쓰세요.

1. 最近では<u>神棚</u>のない家がある。　(　　　　　　　　)
2. お節料理は<u>縁起</u>を担いだものも多い。　(　　　　　　　　)
3. 神棚も床の間もない家の場合はすべてを<u>ショウリャク</u>する。　(　　　　　　　　)
4. <u>ネンガジョウ</u>にはいろいろな絵や新年の挨拶が書いてある。　(　　　　　　　　)

2 다음 (　) 안에 들어갈 알맞은 말을 〈보기〉에서 골라 문장을 완성하세요.

보기	にわたる	というのは	にわたって	とは

1. 林さんは病気のため、2か月(げつ)(　　　　　)学校を休んだ。
2. すでに会場は満員だ。(　　　　　)、今日が最終日だからだ。
3. 赤字(あかじ)(　　　　　)収入(しゅうにゅう)より支出(ししゅつ)が多いことだ。
4. 兄は5時間(　　　　　)大手術(だいしゅじゅつ)を受けた。

낱말과 표현

会場(かいじょう) 회장 | 満員(まんいん) 만원 | 最終日(さいしゅうび) 최종일 | 赤字(あかじ) 적자 | 収入(しゅうにゅう) 수입 | 支出(ししゅつ) 지출 | 大手術(だいしゅじゅつ) 대수술

3 다음 {　}에 들어갈 표현으로 맞는 것을 (A)와 (B) 중에서 선택하세요.

1. 京都には{(A)多い / (B)多くの}寺(てら)があります。
2. 世の中には{(A)少しの / (B)少ない}お金で幸せになれる方法(ほうほう)がある。
3. {(A)近い / (B)近くの}公園からホテルを撮影(さつえい)した。
4. {(A)遠くの / (B)遠い}山をぼんやりと眺(なが)めたら気分が良くなった。

4 다음 문장의 ＿＿★＿＿에 들어갈 알맞은 말을 1, 2, 3, 4 중에서 하나 고르세요.

1. 一人で留学すると太ると言われている。というのは、さびしさを忘れるために ＿＿＿ ＿＿＿ ＿★＿ ＿＿＿。

   1 大量の　　2 食べることに　　3 お菓子を　　4 なるからだ

2. りんごを作っている農家(のうか)は大変困っている。というのは、りんごが ＿＿＿ ＿＿＿ ＿★＿ ＿＿＿。

   1 ためである　　2 とれすぎると　　3 価格(かかく)が　　4 安くなる

3. 昨日はあまり勉強できなかった。というのは、友達と久しぶりに ＿＿＿ ＿＿＿ ＿★＿ ＿＿＿。

   1 夜遅くまで　　2 会って　　3 いたのだ　　4 遊んで

낱말과 표현

方法(ほうほう) 방법 | ぼんやりと 멍하니 | 眺(なが)める 바라보다 | 留学(りゅうがく) 유학 | 大量(たいりょう) 대량 | さびしさ 외로움 | 農家(のうか) 농가 | とれすぎる 과다하게 수확되다 | 価格(かかく) 가격

Exercise 01과 심화 연습 문제

次の文章を読んで、後の問いに対する答えとして、最もよいものを１・２・３・４から一つ選びなさい。

日本の正月に行われる飾りや行事について考えると、①ある一つの目的のために行われているということに気付く。それは年の始めに一年の幸せを運んでくれる「年神」を山から迎えるためである。日本の正月の慣わしが、これまで何百年も続いてきたことを考えれば、この年神が日本人にとってどんなに大切な存在であるか(注1)容易に想像することができるだろう。

年神の「年」は、日本語では普通「一年」を意味する。しかし、この「年」には実は「(注2)穀物の実り」という意味もあるのだ。そのため年神は「時の神」というよりはむしろ一年の実りを与えてくれる「実りの神」であると考えた方がいいだろう。また、日本では昔から死んだ人は(注3)時間が経つと「山の神」になり、家や家族を守ると信じられていた。この「山の神」もまた年神と同じであると考えられるため、年神は「(注4)先祖の霊」に近い存在ということにもなる。

日本人にとっての「正月」とは、年神を家に迎えて前年の実りや家族が一年を(注5)無事過ごせたことに感謝すると同時に、年の初めに今年の実りと家族の健康や幸せを祈るという、一年の中で大切な行事ということができる。

また、日本では昔から正月に年神を迎えることで、自分の命が一年延び、今年もう一年生きることができると考えられてきた。現在でも正月に②「明けましておめでとう」と挨拶をするのは、そうした新しい生命力を得たことへの喜びと感謝の気持ちを、お互いに確かめ合うためではないだろうか。

(注1) 容易に：簡単に
(注2) 穀物：米や小麦粉など
(注3) 時間が経つ：時間が過ぎる
(注4) 先祖の霊：昔、死んだ自分の遠い家族、家系の人たちのたましい
(注5) 無事：元気で、健康で

1 ①ある一つの目的のためにとはどんなことか。

1 新年の始めに「年神」を山から迎える

2 新年の始めに正月の飾りや行事をする

3 新年の始めに「年神」が一年の幸せを運ぶ

4 「年神」が日本人にとって大切な存在である

2 本文の「年神」と関係のないのはどれか。

1 時の神　　2 実りの神　　3 山の神　　4 先祖(せんぞ)の霊(れい)

3 筆者が考える②「明(あ)けましておめでとう」の意味として正しいものはどれか。

1 新しい実りを得たことへの気持ち

2 新しい生命力を得たことへの喜び

3 新しい年を迎えたことに対する感謝

4 歳を一歳ずつ取ったことに対する祈り

02과

せつぶん
節分 세쓰분

워밍업 Warming-up

❶「節分」이란 원래 무엇을 뜻하는 말일까요?

❷「節分」 날 일본에서는 어떤 행사가 열릴까요?

핵심 표현 key Expression

❶ 悪(わる)いものを追(お)い払(はら)うだけでなく、良(よ)いものを招(まね)き入(い)れる。

❷ 豆(まめ)の撒(ま)き方(かた)は地域(ちいき)ごとに少(すこ)しずつ違(ちが)いがある。

❸ いずれにしても、豆撒きの言葉(ことば)は、家族(かぞく)が健康(けんこう)であるよう祈るものだ。

❹ 豆撒きの言葉は、家族が病気(びょうき)をせず健康であるよう祈(いの)るものだ。

단어 노트

- 分(わ)かれ目(め) 갈림길, 경계선
- もともと 원래
- 立春(りっしゅん)·立夏(りっか)·立秋(りっしゅう)·立冬(りっとう) 입춘·입하·입추·입동
- 指(さ)す 가리키다, 지적하다
- 大晦日(おおみそか) 섣달 그믐날
- 太陰暦(たいいんれき) 태음력, 음력
- 暦(こよみ) 달력
- ずれる 어긋나다, 벗어나다
- 正(ただ)す 고치다, 바로잡다
- 梅(うめ) 매화나무, 매실
- 豆撒(まめま)き 입춘 전날 밤에 액막이로 콩을 뿌리는 일
- 供(そな)える (신에게) 올리다, 바치다
- 鬼(おに) 귀신, 영혼
- 福(ふく) 복
- 撒(ま)く 뿌리다
- 拾(ひろ)う 줍다
- 衛生的(えいせいてき) 위생적
- 追(お)い払(はら)う 내쫓다, 몰아내다
- 招(まね)き入(い)れる 불러들이다
- ～ごとに ~마다
- いずれにしても 어쨌든, 어느 쪽이든
- 祈(いの)る 빌다, 기원하다
- 行事(ぎょうじ) 행사
- 芸能人(げいのうじん) 연예인
- 招(まね)く 부르다, 초대하다
- 受(う)け取(と)る 받다
- 宮中(きゅうちゅう) 궁중, 궁궐 안
- 平安(へいあん) 헤이안, 平安京(へいあんきょう)(현재의 京都(きょうと))로 천도한 이후의 약 400년 간의 시대(794~1185)
- 枕草子(まくらのそうし) 헤이안시대 중기에 清少納言(せいしょうなごん)에 의해 집필된 수필집
- 扮装(ふんそう)する 분장하다
- 桃(もも)の木(き) 복숭아나무
- 弓(ゆみ) 활
- 古文(こぶん) 고문
- 論語(ろんご) 논어
- 伝統(でんとう) 전통

Reading 02과

본문 읽기 1-1

節分(せつぶん)

Track 02-01

「節分」という言葉は、「季節の分かれ目」という意味である。もともとは、立春(りっしゅん)・立夏(りっか)・立秋(りっしゅう)・立冬(りっとう)の前の日すべてを指していたが、今では立春の前の日だけを「節分」ということが多い。

節分は二十四節気(にじゅうしせっき)でいう大晦日(おおみそか)を指す。二十四節気とは太陰暦(たいいんれき)では暦(こよみ)と季節がずれてしまうため、①それを正すため作られたものである。つまり、節分の次の日が立春で、二十四節気では新年である。日本ではその頃から梅の花が咲くようになり、暦の上では春が始まる。

節分の夜、日本の家庭では豆撒(まめま)きをする。まず、豆を神棚(かみだな)の神様(かみさま)に供えたあと、その豆を「鬼(おに)は外(そと)、福(ふく)は内(うち)」と大きな声で言いながら、家の中や外に撒く。家の中に撒いた豆は、自分の年の数だけ、または年の数より一つだけ多く拾って食べる。②これは、節分の豆を食べると、体が強くなり、風邪をひかないという慣わしからである。ただ最近では撒いた豆を拾って食べるのは衛生的に良くないというので、数個の豆が入った小さなビニール袋を家の中に撒く所が多い。

Writing 02과

내용 확인 문제 1-1

1 일본에서 입춘 전날을 부르는 말로 올바른 것을 다음 ①~④에서 하나 고르세요.

① 立春(りっしゅん)　② 二十四節季(にじゅうしせっき)　③ 節分(せつぶん)　④ 大晦日(おおみそか)

2 '①それ'가 가리키는 말을 찾아 써 보세요.

→ ______________________

3 '豆撒き(まめま)'를 할 때 뭐라고 하면서 뿌리는지 찾아 써 보세요.

→ ______________________

4 '②これ'가 가리키는 말을 찾아 써 보세요.

→ ______________________

핵심 포인트

節分(せつぶん)은 원래 언제를 가리키는 말이었고 현재는 언제를 가리키는지, 또 節分 날 저녁에는 어떤 행사가 열리는지 등의 정보를 파악해 보면 내용을 쉽게 이해할 수 있다.

Reading 02과

본문 읽기 1-2

Track 02-02

悪いものを追い払うだけでなく、良いものを招き入れる節分の豆まきだが、豆の撒き方や豆撒きの時に言う言葉には地域ごとに少しずつ違いがあるらしい。ある地域では、「鬼は外」を三回言ったうえで、最後に「福は内」と言う。いずれにしても、①豆撒きの言葉は、家族が病気をせず健康であるよう祈るものだと考えられている。

この豆撒きは、有名な神社や寺になると、大きな行事として行われる。②これは節分の日に、芸能人やスポーツ選手などを招いて行われるもので、神社や寺は毎年、撒かれる豆を受け取ろうという人でいっぱいになる。

昔、日本の宮中では大晦日の夜に「③追儺(ついな)」という行事が行われていた。この「追儺」は、平安(へいあん)時代の『枕草子(まくらのそうし)』によると、「鬼(おに)やらい」ともいわれ、鬼に扮装した人を桃の木で作った弓で追い払う行事だったという。「追儺」の「儺」は、漢字で「鬼やらい」を意味するという。「鬼やらい」は古文では「鬼やらひ」と書き、「鬼を追い払うこと」を指す。

「追儺」は、中国の『論語(ろんご)』にも出てくる古い行事である。昔、中国で行われていた行事が日本の宮中行事になって、今でも日本の伝統行事として、家庭や神社などで行われているのである。

Writing 02과

내용 확인 문제 1-2

1 '①豆撒きの言葉'에는 어떤 의미가 담겨 있는지 찾아 써 보세요.

→ ______________________________

2 '②これ'가 가리키는 말을 찾아 써 보세요.

→ ______________________________

3 '③追儺(ついな)'는 어떤 행사인지 찾아 써 보세요.

→ ______________________________

4 '③追儺'와 관련이 없는 것을 다음 ①~④에서 하나 고르세요.

① 鬼(おに)やらい　② 宮中行事　③ 論語(ろんご)　④ 豆撒き

핵심 포인트

節分(せつぶん) 날 실시하는 豆撒(まめま)き라는 행사는 어떤 의미가 있는지, 그리고 追儺(ついな)라는 행사는 언제 실시하고, 무슨 행사인지, 또 어느 나라에서 유래되었는지 등의 정보를 파악해 보면 내용을 쉽게 이해할 수 있다.

節分

Track 02-03

「節分」という言葉は、「季節の分かれ目」という意味である。もともとは、立春・立夏・立秋・立冬の前の日すべてを指していたが、今では立春の前の日だけを「節分」ということが多い。

節分は二十四節気でいう大晦日を指す。二十四節気とは太陰暦では暦と季節がずれてしまうため、それを正すため作られたものである。つまり、節分の次の日が立春で、二十四節気では新年である。日本ではその頃から梅の花が咲くようになり、暦の上では春が始まる。

節分の夜、日本の家庭では豆撒きをする。まず、豆を神棚の神様に供えたあと、その豆を「鬼は外、福は内」と大きな声で言いながら、家の中や外に撒く。家の中に撒いた豆は、自分の年の数だけ、または年の数より一つだけ多く拾って食べる。これは、節分の豆を食べると、体が強くなり、風邪をひかないという慣わしからである。ただ最近では撒いた豆を拾って食べるのは衛生的に良くないというので、数個の豆が入った小さなビニール袋を家の中に撒く所が多い。

悪いものを追い払うだけでなく、良いものを招き入れる節分の豆撒きだが、豆の撒き方や豆撒きの時に言う言葉には地域ごとに少しずつ違いがあるらしい。ある地域では、「鬼は外」を三回言ったうえで、最後に「福は内」と言う。いずれにしても、豆撒きの言葉は、家族が病気をせず健康であるよう祈るものだと考えられている。

この豆撒きは、有名な神社や寺になると、大きな行事として行われる。これは節分の日に、芸能人やスポーツ選手などを招いて行われるもので、神社や寺は毎年、撒かれる豆を受け取ろうという人でいっぱいになる。

昔、日本の宮中では大晦日の夜に「追儺」という行事が行われていた。この「追儺」は、平安時代の『枕草子』によると、「鬼やらい」ともいわれ、鬼に扮装した人を桃の木で作った弓で追い払う行事だったという。「追儺」の「儺」は、漢字で「鬼やらい」を意味するという。「鬼やらい」は古文では「鬼やらひ」と書き、「鬼を追い払うこと」を指す。

「追儺」は、中国の『論語』にも出てくる古い行事である。昔、中国で行われていた行事が日本の宮中行事になって、今でも日本の伝統行事として、家庭や神社などで行われているのである。

Writing 02과

내용 확인 문제 2

◉ 다음 본문의 내용에 대한 질문에 답해 보세요.

1 「節分(せつぶん)」というのは、どんな意味(いみ)ですか。

→ ______________________________

2 「節分」は二十四節気(にじゅうしせっき)で何(なに)を指(さ)しますか。

→ ______________________________

3 節分の豆(まめ)を食(た)べると、どうなりますか。

→ ______________________________

4 豆撒(ま)きのときに言(い)う言葉(ことば)は何を祈(いの)るためのものですか。

→ ______________________________

5 最近(さいきん)は、豆を拾(ひろ)って食べるのは衛生的(えいせいてき)に良(よ)くないといってどうしますか。

→ ______________________________

6 節分の日(ひ)に、芸能人(げいのうじん)やスポーツ選手(せんしゅ)などを見(み)るためにどこへ行(い)きますか。

→ ______________________________

쉬어가기

節分(세쓰분)과 豆撒き(마메마키)

節分이란 원래 계절이 갈리는 때를 의미하며 계절의 경계, 즉 입춘, 입하, 입추, 입동의 전날을 가리킨다. 나중에 겨울에서 봄으로 바뀌는 계절의 경계가 신년의 시작을 의미하는 것으로 소중히 여겨져 입춘 전날만을 가리키게 되었다. 봄을 맞이하는 데 있어 나쁜 기운(邪気)를 물리친다는 의미도 있다.

일반 가정은 물론 각지의 신사와 사찰에서는 이날 豆撒き 행사를 한다. 이 豆撒き는 역병이나 재해를 내쫓는 의식의 하나인데, 중국에서 전해지는 追儺의 의식(鬼やらい)에서 유래한 것이다. 콩에는 霊力가 있다고 믿고, 콩을 뿌림으로써 나쁜 기운을 내쫓고, 복을 불러들인다고 생각하고 있는 것이다.

豆撒き를 할 때에는 年男(그 해의 干支에 태어난 남자) 또는 일가(一家)의 가장(主人)이 「福は内、鬼は外」라고 말하면서 볶은 콩을 뿌리며 귀신을 쫓아내고, 복이 나가지 않도록 문을 잠근다. 豆まき가 끝나면 각각의 나이 수만큼(또는 나이 수 + 1) 콩을 먹고 1년의 무병식재(無病息災)를 기원한다.

節分의 또 한 가지 즐거운 행사로는 한 해의 나쁜 기운을 물리치기 위해 恵方巻 먹기가 있다. 恵方巻는 한국의 김밥과 비슷한 것인데, 식초를 넣은 밥에 개인의 취향에 따라 채소나 해산물, 고기를 넣어서 만든다. 단, 잘라서 먹는 것이 아니라 기다란 恵方巻를 들고 통째로 먹어야 행운이 끊이지 않는 효과가 있다고 한다.

Pattern 02과

핵심 문형

01 ～だけでなく ～뿐만 아니라

'～뿐만 아니라 더 크게 다른 것에도 영향을 미친다'라고 표현하고자 할 때 사용한다. 명사와 조사에는 직접 연결되고, 그 외 활용어는 명사 수식형에 연결된다. 회화체에서는 「～だけじゃなく」라고도 한다.

- 悪いものを追い払うだけでなく、良いものを招き入れる。
- 彼は政治家としてだけでなく人間としても未熟だ。
- その部屋は絵が飾られているだけでなく、豪華な家具が置かれていた。
- 彼女は歌が上手なだけじゃなく、自分で曲も作る。

02 ～ごとに ～마다

명사 또는 동사의 명사수식형에 연결되어 접미어처럼 사용되고, '～그때마다, ～할 때마다, 어느 ～도 모두'라는 뜻을 나타낸다.

- 豆の撒き方は地域ごとに少しずつ違いがある。
- あの写真を見るごとに亡くなった母のことを思い出します。
- 一回遅刻するごとに1,000円の罰金を取ることにしました。
- 田中さんは会う人ごとに、今度買った車のことを自慢しています。

낱말과 표현

未熟だ 미숙하다, 서투르다 | 豪華だ 호화롭다 | 曲 곡 | 罰金を取る 벌금을 받다(징수하다) | 自慢する 뽐내다, 자랑하다

03 いずれにしても 어쨌든, 어느 쪽이든

문장이나 절의 머리에 오고, 회화체에서도 문장체에서도 모두 사용할 수 있다. 격식 차린 말로는 「いずれにしろ」 또는 「いずれにせよ」라고 한다. 「何(なに)にしても」로 바꿔 쓸 수 있다.

- いずれにしても、豆撒きの言葉(ことば)は、家族(かぞく)が健康(けんこう)であるよう祈(いの)るものだ。
- いずれにしても、今日中(きょうじゅう)に完成(かんせい)させるのは無理(むり)です。
- チャンスというものはいずれにしろ、まれにしかない。
- 大阪(おおさか)、神戸(こうべ)、京都(きょうと)のいずれにせよ都心(としん)は家賃(やちん)が高(たか)いです。

04 ～ず ～하지 않고, ～하지 않아서

문어(고전어) 조동사 「ず」에서 온 것으로 부정의 의미를 나타낸다. 주로 문장체나 관용적인 표현에서 쓰이며, 회화체에서는 보통 「～なくて, ～ないで」가 사용된다. 접속은 ない형과 같고, 「する」의 경우만 「せず」가 된다.

- 豆撒きの言葉は、家族が病気(びょうき)をせず健康であるよう祈るものだ。
- 若者(わかもの)は新聞(しんぶん)を読(よ)まず、ネットで情報(じょうほう)を得(え)る。
- 一時間半待(いちじかんはんま)っても雨(あめ)は止(や)まず、濡(ぬ)れて家(いえ)に帰(かえ)った。
- スマホで検索(けんさく)せずにはいられないスマホ中毒(ちゅうどく)が増(ふ)えている。

낱말과 표현

完成(かんせい)する 완성하다 | 都心(としん) 도심 | ネット 인터넷 | 情報(じょうほう)を得(え)る 정보를 얻다 | 濡(ぬ)れる 젖다 | スマホ 스마트폰, 'スマートホン'의 준말 | 検索(けんさく)する 검색하다 | 中毒(ちゅうどく) 중독

Exercise 02과 기본 연습 문제

1 다음 밑줄 친 단어 중 한자는 히라가나로, 가타카나는 한자로 고쳐 쓰세요.

1. 節分は二十四節気でいう大晦日を指す。 (　　　　　　　)
2. これは芸能人やスポーツ選手などを招いて行われる。 (　　　　　　　)
3. 豆を拾って食べるのはエイセイテキに良くない。 (　　　　　　　)
4. 鬼やらいはコブンでは「鬼やらひ」と書く。 (　　　　　　　)

2 밑줄 친 부분의 말을 「～ず」의 형태로 바꿔 보세요.

1. 食事制限(しょくじせいげん)も運動もしないで、楽(らく)して痩(や)せることはあり得ません。 (　　　　　　　)
2. その時は意味(いみ)がよくわからなくて、聞(き)き流(なが)した。 (　　　　　　　)
3. 私はいつもお風呂に入らないで、シャワーを浴びるだけです。 (　　　　　　　)
4. 封筒(ふうとう)に切手を貼(は)らないで手紙をポストに入れてしまいました。 (　　　　　　　)

낱말과 표현

楽(らく)する 편안히 지내다 | 封筒(ふうとう) 봉투 | 貼(は)る 붙이다, 바르다 | ポスト 포스트(post), 우체통

3 다음 (　) 안에 들어갈 알맞은 말을 〈보기〉에서 골라 문장을 완성하세요.

보기　いずれにしても　　ごとに

1. 文章(ぶんしょう)は(　　　　　　)数行(すうぎょう)で改行(かいぎょう)することが望(のぞ)ましい。
2. 彼は、(　　　　　　)偉大(いだい)な選手として記憶(きおく)されることになるだろう。
3. オリンピックは4年(　　　　　　)開(ひら)かれます。
4. コラーゲンは、年をとる(　　　　　　)減少(げんしょう)する傾向(けいこう)があります。

4 다음 문장의 ＿★＿ 에 들어갈 알맞은 말을 1, 2, 3, 4 중에서 하나 고르세요.

1. 若い人 ＿＿＿ ＿＿＿ ＿★＿ ＿＿＿ 。

   1 だけでなく　　2 見ている　　3 この番組(ばんぐみ)を　　4 年をとった人も

2. メール ＿＿＿ ＿★＿ ＿＿＿ ＿＿＿ 。

   1 手紙や　　2 電話も　　3 ください　　4 だけでなく

3. 彼女は ＿★＿ ＿＿＿ ＿＿＿ ＿＿＿ 歌う。

   1 弾く　　2 ピアノを　　3 だけでなく　　4 歌も

낱말과 표현

数行(すうぎょう) 수행 | 改行(かいぎょう) 개행 | 偉大(いだい)だ 위대하다 | コラーゲン 콜라겐 | 減少(げんしょう)する 감소하다 | 番組(ばんぐみ) 프로

Exercise 02과 심화 연습 문제

次の文章を読んで、後の問いに対する答えとして、最もよいものを１・２・３・４から一つ選びなさい。

日本語で「面」とは「顔」または「顔につけるもの」を指す。後者は西洋でいう「仮面」や「マスク」に近いとされるが、実は日本の「面」と西洋の「仮面」は似ているようで、似ていない。

たとえば、昔ヨーロッパでは仮面をつけて出席する(注1)仮面舞踏会が広く行われていた。仮面舞踏会では遊びの一つとして仮面でお互い顔を見えないようにして、仮面の相手が誰なのかを当てることを楽しんだという。

今でも西洋では(注2)ハロウィーンなどの行事で扮装するときに仮面がよく使われる。多くは頭から(注3)かぶるもので、種類もたくさんある。西洋の仮面の(注4)特徴としては、仮面自体が(注5)リアルである点が挙げられるだろう。政治家や芸能人の顔の仮面は本人の特徴をよく表現している。

一方、日本の「面」は西洋のように実際の人物、つまりリアルを表現するというわけではなく、人の目には見えないもの、例えば気持ちや感情などを表すものが多い。すなわち、人の姿を形にするというより、喜び、怒り、悲しみ、楽しさなどを「面」によって表現するのである。これらは日本の伝統芸能である能や狂言に多く見られる。

また、神や鬼などの宗教的な存在を「面」に表すことも多い。昔の日本では「面」で扮装することによって、つけた人がより宗教的な存在へ近づくと信じられていたのだろう。今でも日本では、節分の日に鬼の「面」をつけて豆撒きを行うが、これはこの影響を受けているのかもしれない。

(注1) 仮面舞踏会：仮面やマスクをつけて参加するダンスパーティー

(注2) ハロウィーン：毎年10月31日に行われる祭り

(注3) かぶる：頭や顔が隠れるようにつける

(注4) 特徴：特に目立つ部分

(注5) リアル：現実、見たそのまま

1　西洋の「仮面」の説明として正しいのはどれか。

1　西洋の「仮面」は仮面舞踏会で作られた。

2　西洋の「仮面」の特徴はつけることである。

3　西洋の「仮面」とは日本の「面」と同じである。

4　仮面舞踏会ではゲームとして「仮面」が使われた。

2　日本の「面」と西洋の「仮面」は似ているようで、似ていないとはどういうことか。

1　二つとも顔につけるものではあるが、種類が違う。

2　二つとも扮装に使われるが、表現するものが異なる。

3　二つとも人の形であるが、リアルの程度に違いがある。

4　二つとも感情を表すものだが、見え方が人によって違う。

3　今でも日本では、節分に鬼の「面」をつけて、豆撒きを行うのはどうしてか。

1　鬼の「面」は日本の伝統芸能に見られるから

2　鬼の「面」は節分にだけつけることができるから

3　「面」によって、神や鬼に近づけると考えられたから

4　喜び、怒り、悲しみ、楽しさなどの感情を表せるから

03과

雛祭り(ひなまつり) 히나마쓰리

워밍업 Warming-up

❶「雛祭り」란 무엇일까요?

❷「雛祭り」를 본 적이 있나요?

핵심 표현 key Expression

❶ 祭りといっても家族(かぞく)や親類(しんるい)だけでこぢんまりと祝(いわ)う。

❷ 祭りといっても大(おお)きな祭りがあるわけではない。

❸ 産業(さんぎょう)の発達(はったつ)に伴(ともな)い、雛人形(ひなにんぎょう)も豪華(ごうか)なものになっていった。

❹ 雛人形(ひなにんぎょう)は娘(むすめ)の姿(すがた)が重(かさ)なっていくものだから決(けっ)して捨(す)てることはない。

단어 노트

- **雛祭り**(ひなまつ) 3월 3일 여자 아이의 건강과 행복을 비는 행사
- **近づく**(ちか) 접근하다, 다가오다
- **雛人形**(ひなにんぎょう) 雛祭り의 제단에 진열하는 작은 인형들
- **こぢんまりと** 조촐히, 오붓하게
- **写し出す**(うつ だ) 비추다, 부각하다, 나타내다
- **並べる**(なら) 늘어놓다, 나란히 세우다
- **天皇**(てんのう) 천황
- **皇后**(こうごう) 황후
- **男女一対**(だんじょいっつい) 남녀 한 쌍
- **警護する**(けいご) 경호하다
- **雑用係**(ざつようがかり) 자질구레한 용무 담당, 사무보조
- **順に**(じゅん) 순서대로, 차례로
- **家具**(かぐ) 가구
- **牛車**(ぎっしゃ) 헤이안시대에 귀족이 타던 소가 끄는 수레
- **駕籠**(かご) 가마
- **笛・太鼓・大鼓・小鼓**(ふえ たいこ おおつづみ こつづみ) 피리 · 큰북 · 북 · 작은북
- **楽団**(がくだん) 악단
- **登場人物**(とうじょうじんぶつ) 등장인물
- **せりふ** (연극) 대사
- **解説部分**(かいせつぶぶん) 해설 부분
- **者**(もの) 사람
- **源氏物語**(げんじものがたり) 헤이안시대의 궁중생활을 묘사한 장편 소설
- **お祓い**(はら) 신사에서 하는 액막이 행사
- **流す**(なが) 흘리다, 떠내려 보내다
- **豪華だ**(ごうか) 호화롭다
- **産業**(さんぎょう) 산업
- **発達**(はったつ) 발달
- **～に伴い**(ともな) ~ 에 따라
- **向かって**(む) 마주보고, 정면을 향해서
- **昭和**(しょうわ) 쇼와(일본의 연호, 1926~1989)
- **即位**(そくい) 즉위
- **欧米**(おうべい) 구미, 유럽과 미국
- **繰り返す**(く かえ) 되풀이하다, 반복하다
- **重なる**(かさ) 겹치다, 포개지다
- **引きとる**(ひ) 인수하다, 떠맡다

Reading 03과 본문 읽기 1-1

雛祭り

Track 03-01

三月三日が近づくと女の子のいる家では、子どもの成長と健康を祈って雛人形を飾る。祭りといっても大きな祭りがあるわけではなく、女の子のいる家で、家族や親類だけでこぢんまりと祝う。

雛人形には昔の宮中生活が写し出されている。人形は並べ方が決まっていて、天皇と皇后を表す男女一対の内裏雛を一番上に飾る。その下に宮中で働く女性の三人官女、音楽を担当する五人囃子、宮中を警護する随身たち、そして雑用係の仕丁の順に置かれる。仕丁の下には、「雛道具」と呼ばれる家具や牛車、駕籠などが並べられる。

①五人囃子は、地謡・笛・太鼓・大鼓・小鼓の楽団を指す。地謡とは、登場人物のせりふではなく、物語の解説部分を歌う者をいう。また仕丁は、ここでは宮中で働く雑用係ぐらいに考えればいいだろう。そして、三人官女や仕丁の間には、雛祭りのお菓子である雛菓子が置かれるが、雛祭りに②これを食べるのが小さな女の子の楽しみでもある。

雛祭りの歴史はとても古い。『源氏物語』にもあるように、平安時代に「③流し雛」という行事が宮中で行われていたが、この流し雛が雛祭りになったといわれている。流し雛は、お祓いをした人形を船に乗せて川に流す行事で、現在でも地域によっては、三月三日に海や川で行う所がある。

Writing 03과

내용 확인 문제 1-1

1 '雛人形(ひなにんぎょう)'가 아닌 것을 다음 ①~④에서 하나 고르세요.

① 内裏雛(だいりびな)　② 三人官女(さんにんかんじょ)　③ 五人囃子(ごにんばやし)　④ 雛菓子(ひながし)

2 '①五人囃子(ごにんばやし)'는 어떤 것으로 구성되는지 찾아 써 보세요.

→ ______________________________

3 '②これ'가 가리키는 말을 찾아 써 보세요.

→ ______________________________

4 '③流し雛(ながしびな)'는 어떤 행사인지 찾아 써 보세요.

→ ______________________________

핵심 포인트

雛祭り(ひなまつり)는 여자 아이의 성장과 행복을 기원하는 일본의 전통 행사인데, 이것은 언제 열리고, 여자 아이의 집에서는 무엇을 장식하는지, 또 이 행사의 유래 등에 대한 정보를 파악해 보면 내용을 쉽게 이해할 수 있다.

Reading 03과 본문 읽기 1-2

Track 03-02

現在のような雛人形を飾る慣わしが始まったのは江戸時代初期だといわれている。しかし、①その頃の雛人形は今のように豪華ではなく、雛人形を一つだけ飾るという簡単なものだった。ところが、江戸時代中期になると、男女一対のきれいな人形を置くようになり、その後、産業の発達に伴い、雛人形も豪華なものになっていった。そして、雛祭りの慣わしは都市から農村へと広がっていったのである。

内裏雛の並べ方は、現在では向かって右が女雛で左が男雛である。ところが昔は逆で、向かって右に男雛、左に女雛が置かれていた。もともと日本では天皇は左に、皇后は右に座っていたのだが、昭和天皇の即位のとき、座る位置が逆の欧米に合わせて天皇皇后の座る位置が逆になったのだ。内裏雛の並べ方が変わったのは、②このためである。

三月三日の雛祭りが終わると、飾られていた雛人形はすぐに片付けなければならない。片付けるのが遅くなると、結婚が遅れるといわれているためである。こうして女の子のいる家は、雛人形を飾っては片付けることを毎年繰り返す。

また、雛人形は値段も高く、さらに毎年飾られるうちに娘の姿が重なっていくものだから③決して捨てることはない。そのため最近は、娘が大人になって飾らなくなった雛人形を小さな女の子のいる家に引きとってもらう人も多い。

Writing 03과

내용 확인 문제 1-2

1 '①その頃'가 가리키는 말을 찾아 써 보세요.

→ ______________________________

2 '内裏雛の並べ方'로서 올바른 것을 다음 ①~④에서 하나 고르세요.

① 今は向かって右が女雛(めびな)

② 今は向かって左が女雛

③ 昔は向かって左が男雛(おびな)

④ 昔は向かって右が女雛

3 '②このためである'란 무슨 뜻인지 찾아 써 보세요.

→ ______________________________

4 '③決して捨てることはない'의 이유를 찾아 써 보세요.

→ ______________________________

핵심 포인트

雛祭(ひなまつ)り 때 雛人形(ひなにんぎょう)를 장식하는 관습은 언제부터 시작되었고, 시대에 따라 雛人形는 어떻게 변했으며, 内裏雛(だいりびな)는 현재 어떻게 나열되고, 행사가 끝난 후 인형들은 어떻게 처리하는지 등의 정보를 파악해 보면 내용을 쉽게 이해할 수 있다.

雛祭り

Track 03-03

三月三日が近づくと女の子のいる家では、子どもの成長と健康を祈って雛人形を飾る。祭りといっても大きな祭りがあるわけではなく、女の子のいる家で、家族や親類だけでこぢんまりと祝う。

雛人形には昔の宮中生活が写し出されている。人形は並べ方が決まっていて、天皇と皇后を表す男女一対の内裏雛を一番上に飾る。その下に宮中で働く女性の三人官女、音楽を担当する五人囃子、宮中を警護する随身たち、そして雑用係の仕丁の順に置かれる。仕丁の下には、「雛道具」と呼ばれる家具や牛車、駕籠などが並べられる。

五人囃子は、地謡・笛・太鼓・大鼓・小鼓の楽団を指す。地謡とは、登場人物のせりふではなく、物語の解説部分を歌う者をいう。また仕丁は、ここでは宮中で働く雑用係ぐらいに考えればいいだろう。そして、三人官女や仕丁の間には、雛祭りのお菓子である雛菓子が置かれるが、雛祭りにこれを食べるのが小さな女の子の楽しみでもある。

雛祭りの歴史はとても古い。『源氏物語』にもあるように、平安時代に「流し雛」という行事が宮中で行われていたが、この流し雛が雛祭りになったといわれている。流し雛は、お祓いをした人形を船に乗せて川に流す行事で、現在でも地域によっては、三月三日に海や川で行う所がある。

現在のような雛人形を飾る慣わしが始まったのは江戸時代初期だといわれている。しかし、その頃の雛人形は今のように豪華ではなく、雛人形を一つだけ飾るという簡単なものだった。ところが、江戸時代中期になると、男女一対のきれいな人形を置くようになり、その後、産業の発達に伴い、雛人形も豪華なものになっていった。そして、雛祭りの慣わしは都市から農村へと広がっていったのである。

内裏雛の並べ方は、現在では向かって右が女雛で左が男雛である。ところが昔は逆で、向かって右に男雛、左に女雛が置かれていた。もともと日本では天皇は左に、皇后は右に座っていたのだが、昭和天皇の即位のとき、座る位置が逆の欧米に合わせて天皇皇后の座る位置が逆になったのだ。内裏雛の並べ方が変わったのは、このためである。

三月三日の雛祭りが終わると、飾られていた雛人形はすぐに片付けなければならない。片付けるのが遅くなると、結婚が遅れるといわれているためである。こうして女の子のいる家は、雛人形を飾っては片付けることを毎年繰り返す。

また、雛人形は値段も高く、さらに毎年飾られるうちに娘の姿が重なっていくものだから決して捨てることはない。そのため最近は、娘が大人になって飾らなくなった雛人形を小さな女の子のいる家に引きとってもらう人も多い。

Writing 03과 내용 확인 문제 2

◉ 다음 본문의 내용에 대한 질문에 답해 보세요.

1 雛人形(ひなにんぎょう)は何(なん)のために飾(かざ)りますか。

→

2 人形の並(なら)べ方(かた)で、一番上(いちばんうえ)に飾るのは何ですか。

→

3 女(おんな)の子(こ)は、雛祭(まつ)りで何(なに)を食(た)べるのが楽(たの)しみですか。

→

4 雛人形の慣(なら)わしが始(はじ)まった頃(ころ)はどんな人形を飾っていましたか。

→

5 雛祭りが終(お)わると雛人形をすぐに片付(かたづ)けるのはどうしてですか。

→

6 娘(むすめ)が大(おお)きくなって飾らなくなった雛人形はどうしますか。

→

쉬어가기

雛祭り(히나마쓰리)

雛祭り란 3월 3일에 열리는 연중행사로 여자 아이의 무병장수와 행복을 기원하는 절구(節句)이다. 이것은 '상사의 절구(上巳の節句)' 라고도 한다. 上巳란 3월 최초의 사일(巳の日)을 가리키는데, 중국에서는 「忌日」 라고 하여 나쁜 기운에 휩싸이기 쉽다고 여겨지는 날이다. 그래서 헤이안시대에는 귀족이 자신의 재해를 종이인형에 대신 떠맡겨 강으로 흘려보내는 流し雛가 행해졌다. 그 종이 인형에 마음과 몸의 더러움을 옮긴 다음 강으로 흘러 보내 몸을 깨끗이 했던 것으로 현재도 신사 등에서 행해지고 있다. 이윽고 호화로운 お雛さま를 장식하여 축하를 하게 되었고, 여자 아이의 건강한 성장을 기원하는 행사로 발전한 것이다.

아이가 태어나 처음으로 맞는 節句를 初節句라고 하는데 태어난 아이가 여자 아이일 경우에는 외갓집에서 内裏雛를 선물하는 관습이 있다. 그런데 인형 가격이 매우 비싸서 최근에는 양가에서 비용을 절반씩 부담하는 경우가 많아졌다.

雛人形의 장식은 입춘이 지나고 雛祭り가 되기 일 주일 전쯤에 한다. 雛祭り는 '계절의 경계(季節の節目)' 라는 의미도 있기 때문에 雛人形는 3월 3일 다음날에는 바로 치우는 관습이 생겼다. 雛人形를 늦게 치우게 되면 딸의 결혼 인연이 멀어지게 된다고 믿었던 것이다.

Pattern 03과

핵심 문형

01 ～といっても ～라고는 해도

앞에서 말한 내용에 대해서 그것이 실제로는 정도가 그다지 무겁지는 않다고 덧붙일 때 사용하는 표현이다. 명사 또는 활용어의 보통형에 연결된다.

- 祭りといっても家族や親類だけでこぢんまりと祝う。
- スポーツは体にいいといっても過ぎれば体に悪影響を与える。
- 仲の良い友達といってもここ2か月近く会っていません。
- 庭があるといっても猫の額ほどです。

02 ～わけではない ～한 것은 아니다

현재의 상황이나 직전의 발언에서의 내용을 부정하는 데 사용하는 표현이다. 활용어의 명사 수식형에 연결되고, 주로 「だからといって(그렇다고 해서), 別に(별로), 特に(특별히)」 등과 함께 사용되는 경우가 많다.

- 祭りといっても大きな祭りがあるわけではない。
- 私は普段あまりお酒を飲まないが、お酒が嫌いなわけではない。
- その店が別に安いわけではないが近いからよく行く。
- 英語は外国語として特にすぐれているわけではない。

낱말과 표현

悪影響 악영향 | 仲の良い友達 사이가 좋은 친구 | ここ 요, 요새 | 猫の額 지극히 협소함, 손바닥만 함 | 普段 보통 | 外国語 외국어

03 ～に伴(ともな)い ～에 따라서, ～하면서

「～に伴い」의 앞뒤에 변화를 나타내는 표현이 사용되는데, 앞에서 말한 변화와 연동되어 나중에 말하는 변화가 일어난다는 의미를 나타낸다. 「～に伴って」보다 더 딱딱한 표현이다.

- 産業(さんぎょう)の発達(はったつ)に伴い、雛人形(ひなにんぎょう)も豪華(ごうか)なものになっていった。
- 科学(かがく)の進歩(しんぽ)に伴い、人々(ひとびと)の生活(せいかつ)も向上(こうじょう)してきた。
- 会社(かいしゃ)の倒産(とうさん)に伴って、多(おお)くの社員(しゃいん)が失業(しつぎょう)した。
- 交通(こうつう)の発達に伴って、馬車(ばしゃ)は姿(すがた)を消(け)してしまった。

04 決(けっ)して～ない 결코(절대로) ~않다

부정형이나 금지의 표현과 함께 사용되고, 그것들의 의미를 강조하거나 강한 의지 · 결의를 나타낼 때 쓰인다.

- 雛人形は娘(むすめ)の姿(すがた)が重(かさ)なっていくものだから決して捨(す)てることはない。
- 私はあなたのことを決して忘(わす)れません。
- 何度(なんど)も失敗(しっぱい)したけれども、彼(かれ)は決してその計画(けいかく)をあきらめなかった。
- 決して他人(たにん)の悪口(わるぐち)を言(い)うな。

낱말과 표현

産業(さんぎょう) 산업 | 倒産(とうさん) 도산 | 失業(しつぎょう) 실업 | 馬車(ばしゃ) 마차 | 計画(けいかく) 계획 | 悪口(わるぐち)を言(い)う 욕하다, 험담하다

Exercise 03과

기본 연습 문제

1 다음 밑줄 친 단어 중 한자는 히라가나로, 가타카나는 한자로 고쳐 쓰세요.

1 現在では向かって右が女雛で、左が男雛である。

(　　　　　　　　)

2 もともと日本では天皇は左に、皇后は右に座っていたのだ。

(　　　　　　　　)

3 産業の発達に伴い、雛人形もよりゴウカなものになっていった。

(　　　　　　　　)

4 昭和天皇のソクイのとき、座る位置が逆になった。

(　　　　　　　　)

2 다음 (　) 안에 들어갈 표현을 〈보기〉에서 골라 문장을 완성하세요.

보기	
貯金(ちょきん)するお金はない	問題ありません
漢字(かんじ)を2,000字習った	彼は毎日映画を見ている

1 生活(せいかつ)に困っているわけではないが、(　　　　　　　　)。

2 特に急(いそ)いでいるわけではないので、(　　　　　　　　)。

3 (　　　　　　　　)が、好きなわけではない。

4 (　　　　　　　　)といっても、全部覚(ぜんぶおぼ)えているわけではない。

낱말과 표현

貯金(ちょきん)する 저금하다 | 漢字(かんじ) 한자 | 全部(ぜんぶ) 전부

3 〈보기〉와 같이 「~に伴(ともな)い」를 사용하여 두 문장을 한 문장으로 고쳐 보세요.

> **보기** 科学が進歩(しんぽ)した。人々の生活も向上(こうじょう)した。
> → 科学の進歩**に伴い**、人々の生活も向上し**てきた**。

1 飛行機が発達(はったつ)した。世界が狭くなった。

→ ______________________________

2 心が成長(せいちょう)する。考え方も変わる。

→ ______________________________

3 スマートフォンが普及(ふきゅう)した。端末(たんまつ)が小さくなった。

→ ______________________________

4 다음 { }에 들어갈 표현으로 맞는 것을 (A)와 (B) 중에서 선택하세요.

1 旅行(りょこう){(A) といっても / (B) というのは} 仕事で行くので遊んでいられない。

2 病院に入院(にゅういん)した {(A) とは / (B) といっても} ちょっと検査(けんさ)をしただけです。

3 あれは {(A)決して / (B) いずれにしても} 安くないのに、なぜ売(う)れるのか。

낱말과 표현

進歩(しんぽ)する 진보하다 | 向上(こうじょう)する 향상하다 | 発達(はったつ)する 발달하다 | 成長(せいちょう)する 성장하다 | 普及(ふきゅう)する 보급되다 | 端末(たんまつ) 단말(기) | 検査(けんさ) 검사

Exercise 03 과 심화 연습 문제

次の文章を読んで、後の問いに対する答えとして、最もよいものを１・２・３・４から一つ選びなさい。

女の子のいる家庭では、どんな雛人形を持っているのか、またこれから買う家庭はどんな人形を希望しているのか、大阪の人形会社が(注1)アンケート調査を行い、雛人形の値段とともに調べた。

すでに雛人形を持っている家庭では内裏雛から三人官女、五人囃子、随身、仕丁に雛道具まで全てある「多段飾り」を持っている人は26%で一番少なく、全体の約50%が内裏雛だけを飾る「二人飾り」を持っていることがわかった。

また、これから買う家庭も59%が「二人飾り」を(注2)検討していると答えた。このように最近では住宅(注3)事情の変化に伴い、飾るのに場所をとらない①「二人飾り」でこぢんまりと雛祭りを祝う家庭が増えてきているようである。

また、人気の「二人飾り」は5～10万円程度、内裏雛に三人官女が加わった「五人飾り」が20～25万円程度、そして全てがそろった「多段飾り」は30万円以上と、人形の数や豪華さが値段に影響している。この点も、買う雛人形の種類を(注4)左右するようだ。

買うときのお金については、すでに持っている家庭の64%が「②母親の(注5)実家が出す」と答え、これから買う予定の家庭も、「母親の実家」という答えが71%で圧倒的だった。これは日本ではもともと女性が結婚すると、夫の家に入るという考えがあるため、女性の両親は娘に会いたくても会えない。そこでわざわざ孫の雛人形を準備して、娘や孫に会いに行ったということが関係しているのかもしれない。

(注1) アンケート調査：質問をして答えを集めて調べること

(注2) 検討：調べて考えること

(注3) 事情：理由や状態

(注4) 左右する：決定的な影響を与える

(注5) 実家：自分が生まれた家

1 「雛人形」と関係ないのはどれか。

1 内裏雛

2 雛道具

3 単段飾り

4 多段飾り

2 ①「二人飾り」でこぢんまりと雛祭りを祝う家庭が増えてきているとはどういうことか。

1 「二人飾り」は飾る場所が少なくていいので、便利だ。

2 「二人飾り」は小さくてかわいいので、人気がある。

3 「二人飾り」はインパクトがあって、飾るのが楽しい。

4 「二人飾り」はコンパクトなので、飾るのが楽である。

3 筆者は②母親の実家が出す理由についてどう考えているか。

1 日本女性は結婚すると、夫の家の者になってしまうから

2 日本女性の両親は、娘や孫になかなか会う機会がないから

3 日本女性は、結婚後に自分の両親に会ってはならないから

4 日本女性の両親は、孫の雛人形を準備しなければならないから

04과

子(こ)どもの日(ひ) 어린이 날

워밍업 Warming-up

❶ 일본의 「子どもの日」는 언제일까요?

❷ 일본의 「子どもの日」는 어떻게 유래되었을까요?

핵심 표현 key Expression

❶ 武家(ぶけ)にとって、端午(たんご)の節句(せっく)は重要(じゅうよう)な行事(ぎょうじ)となっていった。

❷ つまり五月(ごがつ)の初(はじ)めの午(うま)の日(ひ)ということである。

❸ 悪(わる)い病気(びょうき)が流行(はや)るところから、厄除(やくよ)けの日(ひ)とも見(み)られている。

❹ これこそまさに伝統(でんとう)が形(かたち)を変(か)え、現代(げんだい)に伝(つた)わる例(れい)といえるだろう。

단어 노트

- 旧暦(きゅうれき) 음력
- 由来(ゆらい)する 유래하다
- 明治(めいじ) 메이지(일본의 연호, 1868~1912)
- 陽暦(ようれき) 양력
- 武者人形(むしゃにんぎょう) 무사 인형
- 金太郎(きんたろう) 坂田金時(さかたのきんとき)라는 전설적 영웅의 어릴 적 이름
- 神武天皇(じんむてんのう) 일본 제1대 천황, 전설의 인물
- 鍾馗(しょうき) 중국에서 마귀를 쫓아낸다는 신(일본에서는 이것을 단오절에 장식)
- 兜(かぶと) 투구
- 鎧(よろい) 갑옷
- 柏餅(かしわもち) 떡갈나무 잎에 싼 팥소를 넣은 찰떡(주로 단오절에 먹음)
- 室町(むろまち) 무로마치, 足利(あしかが) 씨가 정권을 잡았던 시대(1338~1573)
- 武家(ぶけ) 무사의 가문
- 鯉幟(こいのぼり) 단오절에 천으로 만들어 장식하는 잉어
- 家紋(かもん) 한 집안의 문장(紋章)
- 幟(のぼり) 좁고 긴 천의 한 끝을 장대에 매달아 세우는 것
- やがて 이윽고
- 商人(しょうにん) 상인
- 真似(まね)をする 흉내를 내다
- 錦鯉(にしきごい) 비단잉어
- 養殖(ようしょく)する 양식하다
- 紙製(かみせい) 종이로 만든 것
- 布製(ぬのせい) 천으로 만든 것
- 菊(きく) 국화
- 十二支(じゅうにし) 십이지
- 馬(うま) 말
- 梅雨(つゆ) 장마
- 流行(はや)る 유행하다
- 厄除(やくよ)け 액막이, 액땜
- 菖蒲(しょうぶ) 창포
- 薬酒(くすりざけ) 약주, 약술
- 信仰的(しんこうてき) 신앙적
- 科学的(かがくてき) 과학적
- これこそ 이것이야말로
- まさに 바로, 틀림없이
- 伝(つた)わる 전해지다, 알려지다

子どもの日

Track 04-01

韓国と同じく、日本でも「五月五日」といえば「子どもの日」で、祝日である。この「子どもの日」というのは、旧暦の五月五日に祝う「端午の節句」に由来している。

端午の節句とは、もともと男の子の成長を祝う祭りで、明治時代に入って新しく陽暦になってからは、陽暦の五月五日に端午の節句を祝うようになった。その後、男の子だけでなく、女の子の成長もいっしょに祝う「子どもの日」になったのである。

特に男の子がいる家では、子どもを病気から守る武者人形として金太郎や神武天皇、中国の神である鍾馗の人形が飾られることが多い。また、武者人形とともに、豪華な兜、鎧なども床の間に飾られる。また、雛祭りのときに雛菓子を食べるように、端午の節句のときには柏餅を食べるのが一般的だ。

端午の節句に武者人形を飾るようになったのは、室町時代といわれているが、江戸時代になると、自分の体を守る兜や鎧を大切にする武家にとって、端午の節句は重要な行事となっていった。

Writing 04과

내용 확인 문제 1-1

1 '子どもの日'는 어디에서 유래되었는지 찾아 써 보세요.

→ ______________________________

2 '武者人形(むしゃにんぎょう)'가 아닌 것을 다음 ①~④에서 하나 고르세요.

① 金太郎(きんたろう)　② 神武天皇(じんむてんのう)　③ 兜(かぶと)　④ 鍾馗(しょうき)

3 '端午(たんご)の節句(せっく)' 때 일반적으로 무엇을 먹는지 찾아 써 보세요.

→ ______________________________

4 '武者人形'를 장식하기 시작한 것은 언제인지 다음 ①~④에서 하나 고르세요.

① 明治(めいじ)時代　② 神武時代　③ 室町(むろまち)時代　④ 江戸(えど)時代

핵심 포인트

한국과 마찬가지로 일본도 5월 5일은 어린이날이다. 일본의 어린이날은 어떻게 유래되었고, 무엇을 장식하고, 일반적으로 무엇을 먹는지 등의 정보를 파악해 보면 내용을 쉽게 이해할 수 있다.

Reading 04과 본문 읽기 1-2

Track 04-02

五月五日が近づくと、いろんな所で鯉幟(こいのぼり)が大きな空を元気に泳いでいるのを見かける。この鯉幟を飾る慣わしは江戸(えど)時代に始まったという。武家の家では端午(たんご)の節(せっ)句(く)になると、家の伝統として男の子に家紋の入った幟を贈っていたが、時代が変わり、やがて金のある商人たちもその真似をするようになった。また、江戸時代には鮮やかな錦鯉(にしきごい)が養殖されるようになったが、この錦鯉をモデルに紙製(かみせい)の鯉幟が作られるようになった。①この時代の鯉幟は、長い紙に取りつけて飾られていたが、明治(めいじ)時代に入ると布製(ぬのせい)の鯉幟(こいのぼり)が作られ、②それを飾(かざ)るようになっていった。

端午の節句は伝統的な行事を行う「五節句(ごせっく)」の一つである。五節句とは、七草粥(ななくさがゆ)を食べる七草の一月七日、雛祭りである桃(もも)の節句(せっく)の三月三日、端午の節句の五月五日、七夕(たなばた)の七月七日、そして菊(きく)の節句(せっく)の九月九日を指す。「端午」は、「端」が「初め」、「午」が「十二支(じゅうにし)の馬」を意味する。つまり五月の初めの午(うま)の日(ひ)ということである。

旧暦の五月、日本は梅雨に入るため悪い病気が流行るところから、端午の節句を祝う日は厄除(やくよ)けの日とも見られている。昔は雨の多いこの時期に、体によいという菖蒲(しょうぶ)を家に飾ったり、薬酒(くすりざけ)を飲んだりした。③こうした慣わしは厄除けという信仰的な意味を持つ一方で、科学的にも健康効果があるといわれる。

特に、菖蒲は平安(へいあん)時代にも端午の節句に飾られたという。こうしたことから端午の節句は、「菖蒲(しょうぶ)の節句(せっく)」ともいわれている。現代では菖蒲を飾る代わりに、お風呂に菖蒲を入れた菖蒲湯に入ったりする。これこそまさに伝統が形を変え、現代に伝わる代表的な例といえるだろう。

Writing 04과

내용 확인 문제 1-2

1 '①この時代'가 가리키는 말을 찾아 써 보세요.

→ ______________________________

2 '②それ'가 가리키는 말을 찾아 써 보세요.

→ ______________________________

3 '五節句(ごせっく)'의 순서가 올바르게 연결된 것을 다음 ①~④에서 하나 고르세요.

① 桃(もも)の節句 - 七草(ななくさ) - 端午(たんご)の節句　② 桃の節句 - 七夕(たなばた) - 端午の節句

③ 端午の節句 - 菊(きく)の節句 - 七夕　④ 端午の節句 - 七夕 - 菊の節句

4 '③こうした慣わし'를 구체적으로 찾아 써 보세요.

→ ______________________________

핵심 포인트

어린이날이 가까워지면 남자 아이가 있는 집에서는 鯉幟(こいのぼり)를 장식하는 것을 볼 수 있는데 이 장식은 어떻게 변천되어 왔는지, 또 端午(たんご)の節句(せっく)의 관습으로는 무엇이 있는지 등의 정보를 파악해 보면 내용을 쉽게 이해할 수 있다.

子どもの日

Track 04-03

韓国と同じく、日本でも「五月五日」といえば「子どもの日」で、祝日である。この「子どもの日」というのは、旧暦の五月五日に祝う「端午の節句」に由来している。

端午の節句とは、もともと男の子の成長を祝う祭りで、明治時代に入って新しく陽暦になってからは、陽暦の五月五日に端午の節句を祝うようになった。その後、男の子だけでなく、女の子の成長もいっしょに祝う「子どもの日」になったのである。

特に男の子がいる家では、子どもを病気から守る武者人形として金太郎や神武天皇、中国の神である鍾馗の人形が飾られることが多い。また、武者人形とともに、豪華な兜、鎧なども床の間に飾られる。また、雛祭りのときに雛菓子を食べるように、端午の節句のときには柏餅を食べるのが一般的だ。

端午の節句に武者人形を飾るようになったのは、室町時代といわれているが、江戸時代になると、自分の体を守る兜や鎧を大切にする武家にとって、端午の節句は重要な行事となっていった。

五月五日が近づくと、いろんな所で鯉幟が大きな空を元気に泳いでいるのを見かける。この鯉幟を飾る慣わしは江戸時代に始まったという。武家の家では端午の節句になると、家の伝統として男の子に家紋の入った幟を贈っていたが、時代が変わり、やがて金のある商人たちもその真似をするようになった。また、江戸時代には鮮やかな錦鯉が養殖されるようになったが、この錦鯉をモデルに紙製の鯉幟が作られるようになった。この時代の鯉幟は、長い紙に取りつけて飾られていたが、明治時代に入ると布製の鯉幟が作られ、それを飾るようになっていった。

端午の節句は伝統的な行事を行う「五節句」の一つである。五節句とは、七草粥を食べる七草の一月七日、雛祭りである桃の節句の三月三日、端午の節句の五月五日、七夕の七月七日、そして菊の節句の九月九日を指す。「端午」は、「端」が「初め」、「午」が「十二支の馬」を意味する。つまり五月の初めの午の日ということである。

旧暦の五月、日本は梅雨に入るため悪い病気が流行るところから、端午の節句は厄除けの日とも見られている。昔は雨の多いこの時期に、体によいという菖蒲を家に飾ったり、薬酒を飲んだりした。こうした慣わしは厄除けという信仰的な意味を持つ一方で、科学的にも健康効果があるといわれる。

特に、菖蒲は平安時代にも端午の節句に飾られたという。こうしたことから端午の節句は、「菖蒲の節句」ともいわれている。現代では菖蒲を飾る代わりに、お風呂に菖蒲を入れた菖蒲湯に入ったりする。これこそまさに伝統が形を変え、現代に伝わる代表的な例といえるだろう。

Writing
04과

내용 확인 문제 2

◉ 다음 본문의 내용에 대한 질문에 답해 보세요.

1 端午の節句はもともと何を祝いましたか。

→ ______________________________

2 男の子がいる家では、どんな人形を飾りますか。

→ ______________________________

3 武者人形といっしょに飾られるのは何ですか。

→ ______________________________

4 「鯉幟」はいつ飾りますか。

→ ______________________________

5 「五節句」とはいつを指しますか。

→ ______________________________

6 伝統を変え、現代に伝わる代表的な例とは何ですか。

→ ______________________________

쉬어 가기

鯉幟(고이노보리)

일본도 한국과 마찬가지로 5월 5일은 어린이날이다. 이날에는 여기저기 높은 장대에 매달려 힘차게 하늘을 헤엄치고 있는 헝겊으로 만든 잉어를 볼 수 있는데, 이것을 「鯉幟」라고 한다. 중국 황하강을 거슬러 올라간 잉어가 상류의 용문(龍門)에 오르기만 하면, 모든 고기들이 용이 된다고 하는 등용문(登龍門)에서 유래된 것으로 일본에서는 남자 아이의 입신양명과 건강을 기원하는 전통이 되었다. 남자 아이가 있는 집에서는 어린이날이 되기 한 달 전쯤부터 정원이나 베란다에 잉어 모양의 깃발을 다는데, 이 깃발이나 장식의 수는 보통 식구 수와 비례한다. 집안에는 남자 아이가 건강하게 자라라는 뜻으로 무사 인형을 장식한다. 지역에 따라 무사 인형을 장식하는 방식은 조금씩 차이가 있다. 갑옷과 투구를 장식하기도 하고, 대나무 잎이나 떡갈나무 잎으로 싼 떡을 만들어 먹기도 한다. 또한 가정에서뿐만 아니라 마을 단위로 수백 또는 수천 개의 鯉幟를 하늘 높이 매다는 행사를 하기도 한다. 하늘을 향해 힘차게 박차 오르는 잉어와 무사 인형을 장식하는 풍습에는 자식이 강하고 씩씩하게 성장하기를 바라는 부모의 간절함이 담겨 있다.

Pattern 04과 **핵심 문형**

01 ～にとって ～에게 있어(서)

주로 사람이나 조직을 나타내는 명사에 연결되어, 그 시점이나 입장을 나타내는 표현이다. 뒤에 이어지는 문장은 가능 · 불가능, 평가를 나타내는 표현이 대부분이다.

- 武家にとって、端午の節句は重要な行事となっていった。
- これは私にとって忘れられない思い出だ。
- 一人暮らしの高齢者にとって、動物は心の支えとなる。

02 ～ということだ ～이다, 라는 것이다〈결론/해석〉

어떤 사실을 받아서 그로부터 '즉 ～이다'라고 결론을 이끌어 내거나, 그에 대한 해석을 진술할 때 사용하는 표현이다. 한편, 타인의 말을 전달하는 표현으로도 이 형태가 사용된다.

- つまり五月の初めの午の日ということである。〈결론/해석〉
- キムさんは、また遅刻ということですね。〈결론/해석〉
- 「ちょっと考えさせて」というのは、つまり断るということですね。〈결론/해석〉
- 吉田さんは近く会社をやめて、留学するということだ。〈전문〉

낱말과 표현

一人暮らし 혼자 삶 | 高齢者 고령자 | 支え 지주 | 遅刻 지각 | 断る 거절하다 | 近く 조만간

03 ～ところから・～ことから ～해서, ～때문에

사물의 이름에 대한 유래나 판단의 근거를 말할 때 사용하는 표현이다. 이름의 유래를 말할 때는「ところ」가 비교적 더 많이 쓰인다. 보통 딱딱하고 문장체적인 표현에 사용된다.

- 悪い病気が流行るところから、厄除けの日とも見られている。
- 彼は母親が日本人であるところから、日本人の知り合いも多い。
- 彼はベトナム語ができるということから、通訳に推薦された。

04 まさに 바로, 틀림없이

우리말로는 '바로, 틀림없이, 정말로' 등의 뜻을 나타내는데, 문장체적인 딱딱한 느낌의 표현이다. 회화체에서 사용하면 과장된 느낌이 든다.

- これこそまさに伝統が形を変え、現代に伝わる例といえるだろう。
- 彼こそまさに私の探している人だ。
- それはまさに幸福な家庭の光景だった。

낱말과 표현

知り合い 지인 | ベトナム語 베트남어 | 通訳 통역 | 推薦 추천 | 探す 찾다 | 幸福だ 행복하다 | 家庭 가정 | 光景 광경

Exercise 04과 기본 연습 문제

1 다음 밑줄 친 단어 중 한자는 히라가나로, 가타카나는 한자로 고쳐 쓰세요.

1 「子どもの日」は「端午の節句」に由来している。

( )

2 江戸時代には鮮やかな錦鯉が養殖されるようになった。

( )

3 明治時代に入るとヌノセイの錦鯉が作られるようになった。

( )

4 こうした慣わしは厄除けというシンコウテキな意味を持つ。

( )

2 다음 ( ) 안에 들어갈 알맞은 말을 〈보기〉에서 골라 문장을 완성하세요.

보기	にとって　　ところから

1 選手《せんしゅ》(　　　)グラウンドは、舞台《ぶたい》のようなものです。

2 毎回授業が難しい(　　　)、テストも当然難しいだろう。

3 死《し》は、人間(　　　)いつか必ず訪《おとず》れる宿命《しゅくめい》である。

4 注射《ちゅうしゃ》は怖い(　　　)、大人も子どもも嫌う人が多い。

낱말과 표현

グラウンド 그라운드, 경기장 | 舞台《ぶたい》 무대 | 死《し》 죽음 | 訪《おとず》れる 방문하다, 찾아오다 | 宿命《しゅくめい》 숙명 | 注射《ちゅうしゃ》 주사

3 다음 문장에 쓰인 「ということだ」의 용법을 〈보기〉에서 골라 기호를 쓰세요.

보기 (ㄱ)결론/해석 (ㄴ)전문

1 ニュースによると、今年の冬はあまり寒くならないということだ。 (　　　　)

2 このことわざの意味(いみ)は命(いのち)を大切にしないといけないということだ。 (　　　　)

3 我々(われわれ)は信用(しんよう)されていないということですね。 (　　　　)

4 다음 {　}에 들어갈 표현으로 맞는 것을 (A)와 (B) 중에서 선택하세요.

1 眼鏡(めがね)の形をしている {(A) ことから / (B) だけでなく}、その橋(はし)を眼鏡橋(きょう)と呼ぶ。

2 ことわざにあるとおり、時は {(A) まさに / (B) いずれにしても} 金である。

3 これは {(A) まさに / (B)決して} 私が読みたかった本だ。

낱말과 표현

ことわざ 속담 | 信用(しんよう)する 신뢰하다, 신용하다

Exercise 04과 심화 연습 문제

次の文章を読んで、後の問いに対する答えとして、最もよいものを１・２・３・４から一つ選びなさい。

五月、端午の節句の飾りは家の中に飾る「内飾り」と、家の外に飾る「外飾り」と大きく二つに分かれる。

内飾りとしてはまず「鎧」や「兜」が有名である。また、男の子の人形に鎧を着せた武者人形や、元気な男の子の(注1)代名詞の桃太郎や金太郎の人形も①これらに数えられる。

特に鎧や兜は、武家社会では男性にとって大切なものだった。(注2)戦のときに、命を守る道具として使われた鎧や兜は、やがてその家に生まれる男の子の命を守るものとして飾られ、子どもの健康や成長を祈った。

一方、外飾りといえばやはり鯉幟だろう。鯉という魚はどんな川でも(注3)生き抜く強い生命力を持っているという。②そんな鯉のように子どもが元気に育つようにと、昔は男の子のいる家庭では鯉幟を庭によく飾ったものだ。

しかし、残念ながら最近では元気に空を泳ぐ鯉幟の姿があまり見られなくなった。これは少子化に加え、特に都市部では庭のある家よりマンションに住む人が増えたことが大きく関係しているだろう。また、端午の節句は毎年(注4)ゴールデンウィーク連休と重なるため、この日が子どものための祭りというより、家族のための時間になりつつあることも影響していると考えられる。

(注1) 代名詞：それを代表する別の名前
(注2) 戦： 戦い、戦争
(注3) 生き抜く：苦しくても最後まで生きる
(注4) ゴールデンウィーク連休：4月末から5月はじめまで続く長い休み

1　①これらは何を指しているか。

1　内飾り

2　外飾り

3　武者人形

4　端午の節句

2　②そんな鯉のようにとはどういう意味か。

1　どんな病気にも負けないように

2　どんな家庭でも健康に育つように

3　どんなに大変でも力強く泳げるように

4　どんなところでも長生きできるように

3　筆者の考えとして合っているものはどれか。

1　外飾りとして一番人気なのは鯉幟である。

2　端午の節句はもはや子どもの祭りではない。

3　最近は鯉幟を飾る家庭が少なくてさびしい。

4　鯉幟が減ったのは少子・高齢化のためである。

05과

たなばた
七夕 칠석

워밍업 Warming-up

❶「七夕」의 유래를 알고 있나요?

❷「七夕」 날 일본에서는 어떤 행사가 열릴까요?

핵심 표현 key Expression

❶ 王(おう)は「牽牛(けんぎゅう)」という青年(せいねん)と織女(しょくじょ)を結婚(けっこん)させることにした。

❷ 見(み)るに見かねた王が織女から牽牛を引(ひ)き離(はな)すことにした。

❸ 牽牛のようなすてきな男性(だんせい)に出会(であ)えるように。

❹ そういった慣(なら)わしは、徐々(じょじょ)になくなりつつある。

단어 노트

- 星(ほし) 별
- 短冊(たんざく) 칠석에 소원을 써서 매다는 데 쓰는 조그마한 종이
- 笹竹(ささたけ) 작은 대나무 종류의 총칭
- つるす 달아매다, 매달다
- 天(あま)の川(がわ) 은하수
- 引(ひ)き離(はな)す 떼어 놓다, 갈라 놓다
- 許(ゆる)す 허락하다, 허가하다
- 因(ちな)む 연관짓다, 관련짓다
- 漢水(かんすい) 중국에 있는 강 이름
- 機織(はたおり) 베를 짬
- 姫(ひめ) 귀인의 딸로 미혼녀
- 自慢(じまん) 자랑
- 年頃(としごろ) 여자의 혼기에 적당한 연령
- 青年(せいねん) 청년
- 怠(なま)ける 게으름 피우다
- 改(あらた)める 고치다, 개선하다
- 見(み)るに見(み)かねる 차마 볼 수가 없다
- 追放(ついほう)する 추방하다
- 恋(こい) 사랑
- 成就(じょうじゅ) 성취
- 手芸(しゅげい) 수공예, 뜨개질
- 上達(じょうたつ) 기능이 향상됨
- 技術(ぎじゅつ) 기술
- 重(かさ)ねる 겹치다
- たった～だけ 단 ~만
- 農耕(のうこう) 농경
- 現象(げんしょう) 현상
- 結(むす)びつく 결부되다, 이어지다
- 藁(わら) 짚
- 草(くさ) 풀
- 牛(うし) 소
- 残念(ざんねん)ながら 유감이지만
- 徐々(じょじょ)に 서서히
- ～つつある ~하고 있다
- 現状(げんじょう) 현상(현재의 상태)

Reading 05과 본문 읽기 1-1

七夕（たなばた）

Track 05-01

七月七日の「七夕」の夜、日本ではよく星に願い事をする。七夕は「たなばた」、または「しちせき」とも読み、昔から行われている日本の行事で、一年間の重要な節句、「五節句（ごせっく）」の一つでもある。

毎年①この日には願いを書いたいろんな色の短冊（たんざく）や飾りを笹竹（ささたけ）につるし、星に祈る慣わしがある。もともと七夕とは、「天（あま）の川（がわ）にでそれぞれ引（ひ）き離（はな）された男女が、七夕の夜だけ会うことが許される」という②物語に因んだものだ。

昔、中国の「漢水（かんすい）」という川の近くに、「織女（しょくじょ）」という機織（はたおり）の上手な姫が住んでいた。織女は王の自慢の娘だった。織女が年頃になったので、王はまじめで仕事熱心な「牽牛（けんぎゅう）」という青年と織女を結婚させることにした。ところが、牽牛と結婚してから織女は変わってしまった。それまで熱心だった機織の仕事を怠けるようになってしまったのだ。王が注意しても改めようとしないので、見るに見かねた王が織女から牽牛を引き離し、牽牛を漢水の向かい側に追放することにした。牽牛から引き離された織女は悲しくて毎日泣き続けた。③それをかわいそうに思った王が、年に一度、旧暦（きゅうれき）七月七日の夜にだけ、二人が会うことを許したのだ。

Writing
05과

내용 확인 문제 1-1

1 '①この日'가 가리키는 말을 찾아 써 보세요.

→ ______________________________

2 '②物語(ものがたり)'는 어떤 내용인지 구체적으로 찾아 써 보세요.

→ ______________________________

3 '牽牛(けんぎゅう)'가 추방된 곳을 다음 ①~④에서 하나 고르세요.

① 漢水(かんすい)の近く　　② 漢水の向かい側

③ 天(あま)の川(がわ)　　④ 七夕(たなばた)

4 '③それ'가 가리키는 말을 찾아 써 보세요.

→ ______________________________

핵심 포인트

七夕(たなばた)는 일본에서 7월 7일에 열리는 연중행사인데, 이때 일반적으로 어떤 행사가 열리는지, 또 이것은 중국에서 전해지는 어떤 이야기의 영향을 받은 것인지 등의 정보를 파악해 보면 내용을 쉽게 이해할 수 있다.

Reading 05과 본문 읽기 1-2

Track 05-02

七夕の日に、街で開かれる七夕イベントでは、恋の成就を願う女性たちが短冊に願いを書いて笹竹につるしたりもする。「牽牛のようなすてきな男性に出会えるように」ということなのだろうか。

七夕はもともと機織が上手な織女のように、女の子の手芸の上達を祈る日だった。「七夕」という字も昔は「棚機(たなばた)」と書いていた。「棚機」とは六世紀頃に中国から日本に入ってきた機織の技術で、①これを使って働く女性を「棚機女(たなばたつめ)」と呼んでいた。つまり、七夕伝説の織女にはこの棚機女の姿が重ねられているのだ。

織女と牽牛は年にたった一度だけ夜空の天の川で会えるため、「織女星」と「牽牛星」と呼ばる星がある。織女星は手芸の神として、牽牛星は農耕の神として考えられているのだが、実はこの七夕伝説は、実際の星の現象によって作られたともいわれている。つまり、二つの星が年に一回近づくことから、②このような物語が作られたというのだ。

七夕行事には、地域によっては昔から日本に伝わる農耕文化が結びついているものもある。例えば、七月七日に藁(わら)で馬を作り、取ってきた草をその馬に食べさせる「たなばた」という慣わしがそうだ。だが、③そういった慣わしは、残念ながら徐々になくなりつつあるのが現状である。

내용 확인 문제 1-2

1 '①これ'가 가리키는 말을 찾아 써 보세요.

→ ______________________________

2 '②このような物語(ものがたり)が作られた' 그 이유를 구체적으로 찾아 써 보세요.

→ ______________________________

3 '織女(しゅくじょ)'의 설명으로 올바른 것을 다음 ①~④에서 하나 고르세요.

① 恋(こい)の神(かみ)　② 星(ほし)の神　③ 手芸(しゅげい)の神　④ 農耕(のうこう)の神

4 '③そういった慣(なら)わし'가 가리키는 말을 찾아 써 보세요.

→ ______________________________

핵심 포인트

七夕(たなばた)는 원래 여자 아이의 무엇을 기원하는 날이었고, 織女星(しょくじょせい)와 牽牛星(けんぎゅうせい)의 사랑 이야기는 실제 무슨 현상에 의해 만들어진 것인지, 또 七夕 행사 중에는 농경 문화와 결부된 것도 있는데 구체적으로 어떤 것이 있는지 등의 정보를 파악해 보면 내용을 쉽게 이해할 수 있다.

Reading 05과 본문 읽기 2

七夕（たなばた）

Track 05-03

七月七日の「七夕」の夜、日本ではよく星に願い事をする。七夕は「たなばた」、または「しちせき」とも読み、昔から行われている日本の行事で、一年間の重要な節句、「五節句」の一つでもある。

毎年この日には願いを書いたいろんな色の短冊や飾りを笹竹につるし、星に祈る慣わしがある。もともと七夕とは、「天の川でそれぞれ引き離された男女が、七夕の夜だけ会うことが許される」という物語に因んだものだ。

昔、中国の「漢水」という川の近くに、「織女」という機織の上手な姫が住んでいた。織女は王の自慢の娘だった。織女が年頃になったので、王はまじめで仕事熱心な「牽牛」という青年と織女を結婚させることにした。ところが、牽牛と結婚してから織女は変わってしまった。それまで熱心だった機織の仕事を怠けるようになってしまったのだ。王が注意しても改めようとしないので、見るに見かねた王が織女から牽牛を引き離し、牽牛を漢水の向かい側に追放することにした。牽牛から引き離された織女は悲しくて毎日泣き続けた。それをかわいそうに思った王が、年に一度、旧暦七月七日の夜にだけ、二人が会うことを許したのだ。

七夕の日に、街で開かれる七夕イベントでは、恋の成就を願う女性たちが短冊に願いを書いて笹竹につるしたりもする。「牽牛のようなすてきな男性に出会えるように」ということなのだろうか。

七夕はもともと機織が上手な織女のように、女の子の手芸の上達を祈る日だった。「七夕」という字も昔は「棚機」と書いていた。「棚機」とは六世紀頃に中国から日本に入ってきた機織の技術で、これを使って働く女性を「棚機女」と呼んでいた。つまり、七夕伝説の織女にはこの棚機女の姿が重ねられているのだ。

織女と牽牛は年にたった一度だけ夜空の天の川で会えるため、「織女星」と「牽牛星」と呼ばれる星がある。織女星は手芸の神として、牽牛星は農耕の神として考えられているのだが、実はこの七夕伝説は、実際の星の現象によって作られたともいわれている。つまり、二つの星が年に一回近づくことから、このような物語が作られたというのだ。

七夕行事には、地域によっては昔から日本に伝わる農耕文化が結びついているものもある。例えば、七月七日に藁で馬を作り、取ってきた草をその馬に食べさせる「たなばた」という慣わしがそうだ。だが、そういった慣わしは、残念ながら徐々になくなりつつあるのが現状である。

Writing 05과

내용 확인 문제 2

◉ 다음 본문의 내용에 대한 질문에 답해 보세요.

1 七月七日に行われる日本の節句を何と言いますか。

→ ____________________

2 「織女」が住んでいる所はどこでしたか。

→ ____________________

3 「織女」は、何が得意でしたか。

→ ____________________

4 「牽牛」と「織女」は一年に何回会えますか。

→ ____________________

5 王は、どうして「牽牛」と「織女」を引き離しましたか。

→ ____________________

6 筆者は何が残念だと言っていますか。

→ ____________________

쉬어 가기

短冊(단자쿠)

七夕는 현재 일본에서는 양력 7월 7일에 열리는 연중 행사이다. 원래 이 행사는 음력 7월 7일 밤, 天の川(은하수)의 서쪽에 있는 織女星와 牽牛星가 이날 일 년에 한 번 만난다고 하는 중국 전설(星伝説)과 이 별들에게 수예나 예능을 잘 할 수 있도록 기원하는 중국의 풍습(乞巧奠), 그리고 일본의 전통 풍습이 결합된 것이다. 역사 또한 오래 되어서 나라시대에 궁중에서 실시되기 시작했으며, 에도 시대에는 다섯 명절 중의 하나가 되었고, 막부의 공식 행사가 되었다.

일본에서는 七夕가 가까워지면 「短冊」라는 여러 가지 형태와 색깔의 작은 종잇조각에 소원을 적어 대나무에 매다는 풍습이 있다. 그러나 원래는 대나무에 종이로 만든 短冊를 매다는 것이 아니라 대나무에 오색실을 장식했다고 한다. 다섯 가지 색깔은 중국의 음양도(陰陽道)의 자연을 나타내는 오행설(五行説)로부터 기인한 것으로 청색, 적색, 황색, 백색, 그리고 흑색이 사용되었다고 한다.

七夕 무렵이 되면 꽃가게에서는 대나무를, 슈퍼나 문구점에서는 오색의 短冊를 진열해 놓고 손님을 기다린다. 유치원생이나 초등학생들은 직접 七夕 장식물을 만들고 형형색색의 短冊에 자신과 가족의 소원 등을 써서 대나무에 매단다. 옛날에는 집집마다 短冊를 매달았는데, 요새 아파트에서 생활하는 사람이 많은 도시에서는 베란다에 장식하거나 아니면 역 앞이나 관공서에 설치되어 있는 대나무를 이용하기도 한다.

Pattern 05 과

핵심 문형

01 ～ことにする ～하기로 하다〈결정〉

장래의 행위에 관한 결정 · 결의 등을 나타낸다. 「ことにした」의 형태가 되면, 그 결정 · 결의는 이미 성립했다는 의미를 전한다. 같은 의미의 「こととする」는 보다 격식 차린 문장체적인 표현이다.

- 王は「牽牛」という青年と織女を結婚させることにした。
- 私は、大学へ進学しないで、父の仕事を手伝うことにしました。
- 明日試験がありますから、今日は寄り道しないことにします。

02 ～かねる ～하기 어렵다, ～할 수 없다

동사의 ます형에 연결되어 '(하려고 해도, 노력해도) 그렇게 하는 것이 곤란하다, 불가능하다'라는 의미를 나타낸다. 「見るに見かねて」는 관용적으로 '차마 볼 수 없어서, 보다 못해'라는 뜻으로 쓰인다.

- 見るに見かねた王が織女から牽牛を引き離すことにした。
- 私は興味のある分野が多く、進路を決めかねています。
- ご質問には、お答えしかねます。

낱말과 표현

寄り道する 가는 길에 들르다, 다른 곳에 들르다 | 興味 흥미, 관심 | 分野 분야 | 進路を決める 진로를 정하다

03 ～よう(に) ~하도록

자신이나 타인에게 바람직한 것을 기원하거나 희망하는 표현이다.「ように」의 뒤에는 「祈る(기원하다), 望む(바라다), 願う(원하다), 期待する(기대하다)」 등의 동사가 오는데,「～ように」로 끝나는 경우도 있다. 이때「ように」 앞에는 주로 정중체 표현이 사용된다.

- 牽牛のようなすてきな男性に出会えるように。
- 娘が志望大学に合格するよう神様に祈った。
- 今回のような出来事が二度とないよう願います。

04 ～つつある ~하고 있다

앞에 연결된 동사가 가리키는 동작이나 작용이 어떤 방향으로 계속되고 있다는 상태를 나타내는 표현이다. 특히 진행 중이라는 것을 명확하게 말하고자 할 때 사용하지만, 대화 중에는 거의 쓰이지 않는다.

- そういった慣わしは徐々になくなりつつある。
- 改めて今、地球温暖化問題に注目が集まりつつある。
- 低気圧は西のほうへ動きつつある。

낱말과 표현

志望大学 지망 대학 | 出来事 사건, 일 | 改めて 다시, 새삼스럽게 | 地球温暖化 지구 온난화 | 注目が集まる 주목을 받다 | 低気圧 저기압

Exercise 05과

기본 연습 문제

1 다음 밑줄 친 단어 중 한자는 히라가나로, 가타카나는 한자로 고쳐 쓰세요.

1 川の近くに、「織女」という機織の上手な姫が住んでいた。

(　　　　　　　　)

2 恋の成就を願う女性たちが短冊に願いを書いて笹竹につるしたりもする。

(　　　　　　　　)

3 七夕はもともと女の子のシュゲイの上達を祈る日だった。

(　　　　　　　　)

4 牽牛星はノウコウの神として考えられているのだ。

(　　　　　　　　)

2 다음 { }에 들어갈 표현으로 (A)와 (B) 중 맞는 것을 선택하세요.

1 私にも{(A)わかりかねる / (B)わかるわけではない}問題がある。

2 お腹がいっぱいだからもう{(A)食べかねる / (B)食べかねない}。

3 政府(せいふ)が本当(ほんとう)のことを言っているとは{(A)信じかねる / (B)信じることにする}。

4 振(ふ)られるのは怖(こわ)いので、本当の気持ちは{(A)言うということだ / (B)言いかねる}。

낱말과 표현

政府(せいふ) 정부 | 本当(ほんとう) 진실, 사실 | 振(ふ)られる 차이다

3 다음 (　) 안의 표현을 알맞은 형태로 바꾸어 빈칸에 써 넣으세요.

1 デジタルカメラのトレンドが＿＿＿＿＿つつある。(変わる)

2 その菌(きん)の感染者(かんせんしゃ)が＿＿＿＿＿つつあります。(増加(ぞうか)する)

3 期末(きまつ)テストがあるので、アルバイトを＿＿＿＿＿ことにした。(しません)

4 다음 문장의 ＿★＿ 에 들어갈 알맞은 말을 1, 2, 3, 4 중에서 하나 고르세요.

1 ＿＿＿＿ ＿＿＿＿ ＿★＿ ＿＿＿＿ 。

1 降りません　　2 明日(あした)は　　3 雨が　　4 ように

2 父の ＿＿＿＿ ＿＿＿＿ ＿★＿ ＿＿＿＿ と祈りました。

1 早く　　2 ように　　3 治る　　4 病気が

3 新しい年が笑顔と ＿＿＿＿ ＿＿＿＿ ＿★＿ ＿＿＿＿ ように。

1 溢(あふ)れる　　2 年に　　3 なります　　4 希望(きぼう)の

낱말과 표현

トレンド 트렌드(trend), 경향, 추세 | 菌(きん) 균 | 感染者(かんせんしゃ) 감염자 | 溢(あふ)れる 넘치다 | 希望(きぼう) 희망

Exercise 05 과

심화 연습 문제

次の文章を読んで、後の問いに対する答えとして、最もよいものを１・２・３・４から一つ選びなさい。

織女と牽牛が一年にたった一度だけ会うことが許される七月七日、七夕。日本ではこの日の夜に雨が降ると、二人の間を流れる天の川の水が増え、①二人は会うことができないと信じられている。

しかし、七月七日といえば、日本は一年で一番雨が多い梅雨の(注1)シーズンである。なぜこの天気の悪い時期に、七夕祭りをするのか。織女の父である王が二人が会えないように、(注2)わざと雨の多い七月七日に決めたのだろうか。

実は、日本は明治六年(1873年)、政府の決定で「太陰太陽暦(旧暦)」ではなく、新しく西洋の「太陽暦(新暦)」を使うようになった。これによって、新暦のカレンダーでは八月初めである旧暦の七夕が、新暦では一か月早まって今の七月七日になったのである。

もともとは七夕は梅雨も明ける頃に行われていたため、織女や牽牛も雨の心配をせず、一年に一度きりのデートを楽しんでいたはずである。しかし、新暦のカレンダーに変わった(注3)せいで、梅雨で雨の多い時期に変わってしまったのである。②これを悲劇といわずに何といおうか。

しかし、地域によっては七夕の祭りだけは旧暦のカレンダーで行ったり、一か月遅れの八月七日に行うところが多い。さらに引き離されそうになった二人を見るに見かねたせいか。いや、そっちのほうが、雨で(注4)イベントが中止になることが少ないし、夏休みと重なって客が増えるので、③地域としてはいろいろとおいしいからに違いない。

(注1) シーズン：季節、時期

(注2) わざと：意識して

(注3) せいで：ために、影響で

(注4) イベント：行事

1 ①二人は会うことができない原因として最もふさわしいのはどれか。

1 織女の父である王の反対

2 雨による天の川の水の高さ

3 梅雨シーズンの天気の悪さ

4 雨の多い日に行う七夕祭り

2 ②これを悲劇といわずに何といおうかとはどういうことか。

1 七夕は毎年雨が多く、天の川の水が増えるかもしれないこと

2 織女の父が二人が会えないようにわざと七月七日に決めたこと

3 政府の決定で新暦に変わったせいで、七夕の日にちが早まったこと

4 地域によっては旧暦や一か月遅れの八月七日に行うところが多いこと

3 ③地域としてはいろいろとおいしいからに違いないについて正しいものはどれか。

1 引き離されそうになった織女と牽牛が会える。

2 七夕のシーズンが終わって、晴れる日が多い。

3 日にちが変わって、デートが中止にならない。

4 夏休みなので、いつもよりお客がたくさん来る。

06과

お中元(ちゅうげん)・お歳暮(せいぼ) 오추겐 · 오세보

워밍업 Warming-up

❶「お中元」과 「お歳暮」는 각각 언제일까요?

❷「お中元」과 「お歳暮」는 일본의 무슨 문화일까요?

핵심 표현 key Expression

❶ この中(なか)でも中元(ちゅうげん)は道教(どうきょう)では贖罪(しょくざい)の日(ひ)とされる。

❷ 贈(おく)り物(もの)が届(とど)く頃(ころ)に合(あ)わせて別(べつ)に手紙(てがみ)を出(だ)すといいだろう。

❸ ただし、結婚(けっこん)のお礼(れい)などの場合(ばあい)には「ちょう結(むす)び」は使(つか)われない。

❹ よって、贈り物が魚介類(ぎょかいるい)の場合は、のしをつけないのが普通(ふつう)である。

단어 노트

- 贈り物(おくりもの) 선물
- お世話(せわ)になる 신세를 지다
- お礼(れい) 사례, 사례의 선물
- 気持(きも)ち 마음, 기분
- 年末(ねんまつ) 연말
- 道教(どうきょう) 도교
- 贖罪(しょくざい) 속죄
- 仏教(ぶっきょう) 불교
- 先祖(せんぞ) 선조, 조상
- 祭(まつ)る 제사 지내다
- お盆(ぼん) 「うらぼんえ」의 준말(음력 7월 보름)
- 親戚(しんせき) 친척
- 風習(ふうしゅう) 풍습
- 中世(ちゅうせい) 중세
- ブリ (어류) 방어
- 好(この)む 좋아하다, 선호하다
- 持(も)ち寄(よ)る 각자가 가지고 모이다
- 名残(なごり) 자취, 흔적

- 注文(ちゅうもん)する 주문하다
- 洗剤類(せんざいるい) 세제류
- 締(し)めくくり 결말, 매듭
- 傾向(けいこう)にある 경향이 있다
- そうめん 실국수
- カニ 게
- ハム(ham) 햄
- 商品券(しょうひんけん) 상품권
- 金額(きんがく) 금액
- カタログ(catalog) 카탈로그
- 宅配(たくはい) 택배
- 紐(ひも) 끈
- 結(むす)ぶ 묶다, 맺다
- ちょう 나비
- 長寿(ちょうじゅ) 장수
- アワビ 전복
- 魚介類(ぎょかいるい) 어패류
- 貼(は)る 붙이다

Reading 06과 본문 읽기 1-1

お中元(ちゅうげん)・お歳暮(せいぼ)

Track 06-01

日本には、年に二回「中元」、「歳暮」という贈り物の文化がある。どちらも、いつもお世話になっている人にお礼の気持ちを表すためのものである。中元や歳暮は、一般的に「お中元」、「お歳暮」と呼ばれ、お中元は七月から八月十五日まで、お歳暮は年末に贈る。中元とは、もともと中国の道教(どうきょう)の行事である三元(さんげん)の一つである。三元とは一月十五日の「上元(じょうげん)」、七月十五日の「中元」、十月十五日の「下元(かげん)」の三つを指す。①この中でも中元は道教では贖罪(しょくざい)の日とされるが、やがて仏教(ぶっきょう)と結びつき、日本に伝わった。そして、日本の中元は先祖(せんぞ)を祭るお盆(ぼん)の行事と結びつき、江戸(えど)時代には中元、つまりお盆には親戚や知り合いが家を多く訪ねてくるため、そのお礼として贈り物をする②風習が生まれた。そして、現在のようにお世話になった人に贈り物をする文化に変わっていったという。

お中元に対し、お歳暮の文化は中世(ちゅうせい)からあったようである。日本には昔から年末の時期に、先祖を祭るときに供えた食べ物を近所の人や知り合いに分ける慣わしがあった。③これがお歳暮の始まりだといわれる。また、お歳暮の贈り物にはブリなどの魚が好まれるのだが、これは年末には家族や親戚などたくさんの人が集まって食事をするため、それぞれの家から食べ物を持ち寄るという習慣の④名残なのかもしれない。

Writing 06과

내용 확인 문제 1-1

1 '①この中'가 가리키는 말을 찾아 써 보세요.

→ ____________________

2 '②風習'와 같은 말을 본문에서 두 개 찾아 써 보세요.

→ ____________________

3 '③これ'가 가리키는 말을 찾아 써 보세요.

→ ____________________

4 '④名残'에 대하여 구체적으로 찾아 써 보세요.

→ ____________________

핵심 포인트

일본에는 여름과 겨울, 일 년에 두 번 평소에 신세를 진 사람들에게 감사의 선물을 보내는 관습이 있는데 이것들을 각각 무엇이라고 하고, 또 어떤 풍습에서 오늘의 선물 문화로 발전했는지 등의 정보를 파악해 보면 내용을 쉽게 이해할 수 있다.

Reading 06과 본문 읽기 1-2

Track 06-02

しかし、現在ではお中元もお歳暮も、デパートや大型スーパーに注文して、お酒やジュース、食べ物、洗剤類などのギフトセットを贈ることが多い。特に、お歳暮は一年の締めくくりであるため、お中元よりも①重視される傾向にあるようだ。

贈り物は、お中元では時期的にビール、果物、そうめんが多く、お歳暮ではカニ、牛肉、ハムなどが多いようだ。逆に、もらいたい贈り物としては商品券と答える人もいるが、「お礼の気持ちが伝わらない」、「金額がはっきりしていて嫌だ」と思う人も多く、最近では商品券の代わりにもらう側がほしいものを受け取れるカタログの贈り物も人気だという。

お中元やお歳暮は、贈る相手の家に直接持っていってお礼の挨拶をすることもあるが、直接届けることができない場合も多いため、デパートなどの宅配サービスを利用することが多い。②そのときは贈り物といっしょに手紙を送るか、届く頃に合わせて別に手紙を出すといいだろう。

贈り物には普通、「水引」と呼ばれる赤と金の紐を飾りで結ぶ。結び方はちょうの形に似た「ちょう結び」で結ぶが、③これは結んだ所が何度も解けることから、何度も繰り返したいという意味で、お礼や挨拶などによく使われる。ただし、何度も繰り返しては良くない結婚のお礼などの場合には「ちょう結び」は使われない。

水引以外にも「のし」という飾りをつけるが、④これはもともと、長寿を願う贈り物であるアワビを干して作っていた。よって、贈り物が魚介類の場合はのしと贈り物が重なるので、のしをつけないのが普通である。

Writing 06과

내용 확인 문제 1-2

1 '①重視される傾向にある' 그 이유를 구체적으로 찾아 써 보세요.

→ ______________________________

2 '②そのとき'가 가리키는 말을 찾아 써 보세요.

→ ______________________________

3 '③これ'가 가리키는 말을 찾아 써 보세요.

→ ______________________________

4 '④これ'가 가리키는 것을 다음 ①~④에서 하나 고르세요.

① 水引(みずひき) ② のし ③ お礼 ④ 飾り

핵심 포인트

お中元(ちゅうげん)과 お歳暮(せいぼ) 중에서 어느 것이 더 중시되는 경향이 있으며, 선물은 주로 무엇을 보내는지, 또 선물 포장의 장식으로 어떤 것들이 있는지 등의 정보를 파악해 보면 내용을 쉽게 이해할 수 있다.

Reading 06과

본문 읽기 2

お中元・お歳暮

Track 06-03

日本には、年に二回「中元」、「歳暮」という贈り物の文化がある。どちらも、いつもお世話になっている人にお礼の気持ちを表すためのものである。中元や歳暮は、一般的に「お中元」、「お歳暮」と呼ばれ、お中元は七月から八月十五日まで、お歳暮は年末に贈る。中元とは、もともと中国の道教の行事である三元の一つである。三元とは一月十五日の「上元」、七月十五日の「中元」、十月十五日の「下元」の三つを指す。この中でも中元は道教では贖罪の日とされるが、やがて仏教と結びつき、日本に伝わった。そして、日本の中元は先祖を祭るお盆の行事と結びつき、江戸時代には中元、つまりお盆には親戚や知り合いが家を多く訪ねてくるため、そのお礼として贈り物をする風習が生まれた。そして、現在のようにお世話になった人に贈り物をする文化に変わっていったという。

お中元に対し、お歳暮の文化は中世からあったようである。日本には昔から年末の時期に、先祖を祭るときに供えた食べ物を近所の人や知り合いに分ける慣わしがあった。これがお歳暮の始まりだといわれる。また、お歳暮の贈り物にはブリなどの魚が好まれるのだが、これは年末には家族や親戚などたくさんの人が集まって食事をするため、それぞれの家から食べ物を持ち寄るという習慣の名残なのかもしれない。

しかし、現在ではお中元もお歳暮も、デパートや大型スーパーに注文して、お酒やジュース、食べ物、洗剤類などのギフトセットを贈ることが多い。特に、お歳暮は一年の締めくくりであるため、お中元よりも重視される傾向にあるようだ。

贈り物は、お中元では時期的にビール、果物、そうめんが多く、お歳暮ではカニ、牛肉、ハムなどが多いようだ。逆に、もらいたい贈り物としては商品券と答える人もいるが、「お礼の気持ちが伝わらない」、「金額がはっきりしていて嫌だ」と思う人も多く、最近では商品券の代わりにもらう側がほしいものを受け取れるカタログの贈り物も人気だという。

お中元やお歳暮は、贈る相手の家に直接持っていってお礼の挨拶をすることもあるが、直接届けることができない場合も多いため、デパートなどの宅配サービスを利用することが多い。そのときは贈り物といっしょに手紙を送るか、届く頃に合わせて別に手紙を出すといいだろう。

贈り物には普通、「水引」と呼ばれる赤と金の紐を飾りで結ぶ。結び方はちょうの形に似た「ちょう結び」で結ぶが、これは結んだ所が何度も解けることから、何度も繰り返したいという意味で、お礼や挨拶などによく使われる。ただし、何度も繰り返しては良くない結婚のお礼などの場合には「ちょう結び」は使われない。

水引以外にも「のし」という飾りをつけるが、これはもともと、長寿を願う贈り物であるアワビを干して作っていた。よって、贈り物が魚介類の場合はのしと贈り物が重なるので、のしをつけないのが普通である。

Writing 06과

내용 확인 문제 2

◉ 다음 본문의 내용에 대한 질문에 답해 보세요.

1 お中元はいつ頃からいつ頃まで贈りますか。

→ ______________________________

2 中国の道教で三元の中の中元はどんな日でしたか。

→ ______________________________

3 現在は「お中元」と「お歳暮」のどちらを重視されていますか。

→ ______________________________

4 「お歳暮」の贈り物には何が好まれますか。

→ ______________________________

5 最近はどんな贈り物が人気ですか。

→ ______________________________

6 「ちょう結び」で結んではいけないのはどんなときですか。

→ ______________________________

쉬어 가기

お土産(오미야게)

일본인들은 여행을 다녀오면 꼭 선물을 사가지고 오는데 이를 「お土産」라고 한다. 어디를 다녀오든지 お土産는 일본인들에게는 빼놓을 수 없는 관례이다. お土産는 크게 두 가지 의미가 있는데, 첫째는 여행지 등에서 사오는 그곳의 특산물을 선물하는 것이고, 또 하나는 남의 집을 방문할 때 가지고 가는 선물이다. 먼저 국내여행, 해외여행 등 어디를 가더라도 선물을 사는 것이 일본인이다. 가족이나 친한 친구뿐만 아니라 이웃이나 직장동료에게까지 줄 선물을 구입한다. 여행지에서 미처 선물을 구입하지 못한 사람들을 위하여 일본의 고속도로 휴게소에는 가는 곳마다 500엔에서 2000엔 정도 되는 각 지역의 특산품을 팔고 있다.

다음으로 여행 선물뿐만 아니라 일본에서는 남의 집을 방문할 경우에도 빈손으로 가지 않고 선물을 들고 가는 것이 일반화 되어 있다. 선물을 할 때는 대개 비싸지 않고 실용적인 물건을 준비한다. 또한 「見ておいしい物が味もおいしい(보고 맛있는 것이 맛도 맛있다)」라는 말이 있듯이 포장도 신경을 쓴다. 선물을 줄 때도 일본인은 꼭 상대방에게 명확히, 직접 전해 준다. 그리고 일본인들은 선물을 받았을 때 손님 앞에서 열어 보지 않고 손님들이 돌아간 후 열어서 내용물을 확인하는 것이 일반적이라고 한다.

Pattern 06과

핵심 문형

01 ～とされる　~로 여겨지다, ~로 되어 있다

「～と言(い)われる(~로 일컬어지다)」, 「～と考(かんが)えられる(~로 여겨지다), ～と見(み)なされる(~로 간주되다)」 등의 의미를 나타낸다. 보통형에 연결되나, 비과거시제의 명사 및 な형용사는 「だ」가 생략되는 경우가 많다. 보통 보고서, 논문 등 격식 차린 문장에서 주로 사용된다.

- この中(なか)でも中元(ちゅうげん)は道教(どうきょう)では贖罪(しょくざい)の日(ひ)とされる。
- 当時歌舞伎(とうじかぶき)は風俗(ふうぞく)をみだすものとされ、禁(きん)じられていた。
- 彼(かれ)は社会人(しゃかいじん)として必要(ひつよう)とされている常識(じょうしき)に欠(か)ける。
- この新薬(しんやく)は効果(こうか)はあるが、副作用(ふくさよう)が強(つよ)いとされている。

02 ～といい　~하면 좋다〈권유〉

동사 기본형에 이어져 타인에게 어떤 행위를 권유할 때 사용하는 표현으로, '일반적으로 그렇게 하는 것이 적당하다'라는 의미를 나타낸다. 무언가를 하지 않도록 권유할 경우에는 「～ない方(ほう)がいい(~하지 않는 것이 좋다)」를 사용한다.

※ 今買(いまか)わないといい。(×)　今買(いまか)わない方(ほう)がいい。(○)

- 贈(おく)り物(もの)が届(とど)く頃(ころ)に合(あ)わせて別(べつ)に手紙(てがみ)を出(だ)すといいだろう。
- 言葉(ことば)の意味(いみ)が分(わ)からないときは、この辞書(じしょ)を使(つか)うといい。
- 夜眠(よるねむ)れないときは少(すこ)しお酒(さけ)を飲(の)むといいですよ。

낱말과 표현

当時(とうじ) 당시 | 風俗(ふうぞく) 풍속 | みだす 어지럽히다 | 常識(じょうしき)に欠(か)ける 상식이 부족하다 | 新薬(しんやく) 신약 | 効果(こうか) 효과 | 副作用(ふくさよう) 부작용

03 ただし　그러나, 그렇지만, 다만

앞에서 진술한 사실에 대해 그 조건이나 자세한 주의사항, 예외 등을 덧붙일 때 사용하는 표현이다. 접속사의 기능을 하며, '그러나, 그렇지만, 다만'의 의미를 나타낸다.

- ただし、結婚のお礼などの場合には「ちょう結び」は使われない。
- 明日、運動会を行う。ただし、雨天の場合は中止する。
- 喜んで引き受けましょう。ただし、健康が許せばです。

04 よって　따라서, 그러므로

「因りて(따라서, 그러므로)」가 변한 말로, 이유를 진술하는 문장을 받아 결론을 진술하는 문장으로 이끄는 데 사용하는 표현이다. 접속사로 사용되며, '따라서, 그러므로, 그래서, 이에' 등의 의미를 나타낸다.

- よって、贈り物が魚介類の場合は、のしをつけないのが普通である。
- 優秀な成績を収めました。よって、これを賞します。
- 証拠不充分。よって、被告人は無罪。

낱말과 표현

雨天 우천 | 成績を収める 성적을 거두다 | 賞する 칭찬하다, 상장을 주다 | 証拠不充分 증거 불충분 | 被告人 피고인 | 無罪 무죄

Exercise 06과

기본 연습 문제

1 다음 밑줄 친 단어 중 한자는 히라가나로, 가타카나는 한자로 고쳐 쓰세요.

1 日本の中元は先祖を祭るお盆の行事と結びつく。　（　　　　　　　）

2 それぞれの家から食べ物を持ち寄るという習慣の名残なのかもしれない。
（　　　　　　　）

3 これはもともと、チョウジュを願う贈り物であるアワビを干して作っていた。
（　　　　　　　）

4 贈り物がギョカイルイの場合は、のしをつけない。　（　　　　　　　）

2 다음 문장을 〈보기〉와 같이 바꿔 표현해 보세요.

보기 この物質(ぶっしつ)は植物(しょくぶつ)の成長を促進(そくしん)すると言われる。
→ この物質は植物の成長を促進するとされる。

1 この国には、よい指導者(しどうしゃ)がいないのが問題だと言われている。

→ ____________________

2 仏教(ぶっきょう)で生(い)き物(もの)を殺すのは十悪(じゅうあく)の一つと見なされている。

→ ____________________

3 日本では昔から手紙はペンで書くのが当然だと考えられてきた。

→ ____________________

낱말과 표현

物質(ぶっしつ) 물질 | 植物(しょくぶつ) 식물 | 促進(そくしん)する 촉진하다 | 指導者(しどうしゃ) 지도자 | 仏教(ぶっきょう) 불교 | 生(い)き物(もの) 생물 | 十悪(じゅうあく) 불교에서 말하는 열 가지 죄악

3 다음 { }에 들어갈 표현으로 맞는 것을 (A)와 (B) 중에서 선택하세요.

1 その問題については、この本を{(A)読むといい / (B)読まないといい}。

2 痩せたかったら、ぜひこの薬を{(A)飲むといい / (B)飲まないといい}よ。

3 足がしびれるときは、{(A)立たないといい / (B)立たない方がいい}よ。

4 다음 ( ) 안에 들어갈 알맞은 말을 〈보기〉에서 골라 문장을 완성해 보세요.

보기 よって　　ただし

1 外出は自由だ。(　　　　)、10時までには帰らなければならない。

2 全員集合せよ。(　　　　)、病気の者は除く。

3 起立多数です。(　　　　)本案は可決されました。

낱말과 표현

足がしびれる 발이 저리다 | 集合する 집합하다 | 起立多数 기립 다수 | 本案 본안 | 可決する 가결하다

심화 연습 문제

次の文章を読んで、後の問いに対する答えとして、最もよいものを１・２・３・４から一つ選びなさい。

デパートなどで贈り物を買うとき、店員から「おのしはいかがいたしましょうか」などと聞かれることがあるだろう。この「のし」は、もともと「のしアワビ」といい、貝のアワビをりんごの皮のようにうすく長く切り、(注1)干して伸ばしたものだ。

海に囲まれた日本は、海で採れる食べ物が豊富な国である。①その中でもアワビは昔から神の儀式に供えるものとして、貴重な食べ物だった。また、干したアワビは(注2)栄養価も高くて健康にも良く、武士の戦いでは(注3)保存食として広く使われた。武士の家では、これから戦いに行く男たちが無事に帰ってこられるようにという願いをこめてアワビを贈ったり、お祝いの食事として食べたりした。

江戸時代になると、アワビは長生きの(注4)シンボルとして、またお祝いの贈り物として、贈り物の飾りに使うようになった。これが後の「のし」文化につながっていく。アワビで作った「のし」はとても値段が高いため、紙に「のし」の絵を書いて使うようになったが、(注5)大正時代になると紙に「のし」をデザインして印刷した「のし紙」が広まり、②現在に引き継がれている。

「のし」は普通お祝いの贈り物にかけるものだが、同じお祝いでも、病気やけがが治った人や、(注6)災害などで家を新しくした人へのお祝いには「のし」をかけてはいけないとされる。③「のし」のマナーが分かれば、心のこもった贈り物になるだろう。

(注1) 干す：乾燥させる

(注2) 栄養価：栄養としての価値

(注3) 保存食：長持ちする食べ物

(注4) シンボル：象徴

(注5) 大正時代：1912年～1926年

(注6) 災害：地震や台風などの被害

1 ①その中でもとあるが、何を指しているか。

1 お祝い

2 贈り物

3 貝の種類

4 海の食べ物

2 ②現在に引き継がれているのは何か。

1 紙に「のし」の絵を書くこと

2 印刷した「のし」を使うこと

3 アワビを「のし」として贈ること

4 「のし」を保存食として食べること

3 ③「のし」のマナーとしてふさわしいものはどれか。

1 「のし」は結婚式や誕生日のお祝いの贈り物にかけていい。

2 「のし」は地震で家がなくなった人への贈り物にかけていい。

3 「のし」は台風で壊れた家を直した人への贈り物にかけていい。

4 「のし」は手術が成功して、退院する人への贈り物にかけていい。

07과

花火大会(はなびたいかい) 불꽃놀이

워밍업 Warming-up

❶ 일본에서「花火大会」는 언제부터 열리기 시작했을까요?

❷「花火大会」가 열릴 때, 花火 외에 어떤 것들을 함께 즐길 수 있을까요?

핵심 표현 key Expression

❶ 花火は当時(とうじ)としてはかなり画期的(かっきてき)な出来事(できごと)だったに違(ちが)いない。

❷ 家(いえ)が木(き)で作(つく)られていたため大変(たいへん)燃(も)えやすかった。

❸ 花火が上(あ)がるたびに「玉屋(たまや)～、鍵屋(かぎや)～」と掛(か)け声(ごえ)を上(あ)げたらしい。

❹ すばらしい花火に対する掛け声は当時のまま残(のこ)っている。

단어 노트

- 花火(はなび) 불꽃
- 風物詩(ふうぶつし) 풍물시(계절을 대표하는 물건이나 사건)
- 戦国時代(せんごくじだい) 전국시대
- 原料(げんりょう) 원료
- 火薬(かやく) 화약
- もっぱら 오로지, 한결같이
- 戦(いくさ) 전쟁, 싸움
- 見物(けんぶつ)する 구경하다
- 徳川家康(とくがわいえやす) 도쿠가와 이에야스(인명)
- 駿府城(すんぷじょう) 슨푸성
- 筒(つつ) 통, 속이 비고 긴 관
- 火(ひ)の粉(こ) 불똥, 불티
- 噴(ふ)き出(だ)す 내뿜다, 분출하다
- 画期的(かっきてき) 획기적
- 仕掛(しか)け 장치
- 打(う)ち上(あ)げる 쳐올리다, 쏘아 올리다
- 燃(も)える 타다, 불길이 일다
- 火事(かじ) 화재
- 禁止(きんし)する 금지하다
- 隅田川(すみだがわ) 스미다가와(강 이름)
- 両国(りょうごく) 료고쿠(지명)
- 周辺(しゅうへん) 주변
- 交通事情(こうつうじじょう) 교통 사정
- 悪化(あっか)する 악화되다
- 汚染(おせん) 오염
- 悪臭(あくしゅう) 악취
- 掛(か)け声(ごえ) 장단을 맞추기 위하여 지르는 소리
- 職人(しょくにん) 장인
- 由来(ゆらい)する 유래하다
- ～代目(だいめ) ~대째
- きっかけ 계기, 시초
- 技(わざ) 기법, 기술
- 競(きそ)い合(あ)う 경쟁하다, 겨루다
- 凌(しの)ぐ 능가하다
- 追(お)い出(だ)す 내쫓다, 몰아내다

Reading 07과 본문 읽기 1-1

花火大会(はなびたいかい)

Track 07-01

「花火」というと、日本では夏の風物詩(ふうぶつし)といえる。戦国(せんごく)時代、花火の原料である火薬は、もっぱら戦(いくさ)のために使われていた。しかし、江戸(えど)時代に入ると徐々に戦がなくなったため、火薬から花火が作られるようになり、夏の行事の一つとして発展していった。

日本で初めて花火を見物したのは、「徳川家康(とくがわいえやす)」だといわれている。慶長(けいちょう)十八年(1613)の八月六日の夜、家康が駿府城(すんぷじょう)でイギリス人から贈られた花火を見物したという記録が残っている。家康が見た花火は筒から火の粉が噴き出すもので、大きさは現在のものに比べるとかなり小さいものであったとされるが、当時としてはかなり画期的な出来事だったに違いない。

①夏の花火は、大きく二つに分かれる。地上に仕掛けを作って形や文字を見せる「仕掛(しか)け花火」と、空高く打ち上げる「打(う)ち上(あ)げ花火」である。昔は、家が木で作られていて大変燃えやすく、一度火事になると多くの人が死んだため、江戸の中では花火が禁止されていた。その結果、打ち上げ花火は安全な川の近くで打ち上げられるようになった。こうして江戸では隅田川(すみだがわ)を中心に、花火見物が行われるようになったのである。

江戸の両国(りょうごく)では毎年夏になると、隅田川で水の事故防止を祈る「川開(かわびら)き」の行事が行われていたが、1733年には②それを花火を上げて祈るようになった。その頃には花火の技術も発達し、また川のそばにもたくさんのお店があったため、花火を見物しに多くの人が集まり、夏の花火を楽しんだという。これが日本で有名な隅田川花火大会の始まりである。

Writing 07과

내용 확인 문제 1-1

1 '花火(はなび)'의 설명으로 관련이 없는 것을 다음 ①~④에서 하나 고르세요.

① 花火は夏の風物詩(ふうぶつし)である。

② 花火の原料は火薬である。

③ 花火は江戸時代に作られた。

④ 花火は戦(いくさ)のため使われていた。

2 일본에서 처음으로 '花火'를 구경한 사람이 누구인지 찾아 써 보세요.

→ ______________________________

3 '①夏の花火は、大きく二つに分かれる'라고 있는데, 그 두 개를 찾아 써 보세요.

→ ______________________________

4 '②それ'가 가리키는 말을 찾아 써 보세요.

→ ______________________________

핵심 포인트

화약은 원래 오로지 전쟁을 위해 사용되었으나, 에도시대에 들어와 전쟁이 없어지자 花火(はなび)를 만드는 데 사용되었다. 일본에서 花火를 처음으로 구경한 사람은 누구이며, 여름 花火의 종류를 파악해 보고, 花火大会(たいかい)가 매년 스미다가와에서 열리게 된 사정 등의 정보를 파악해 보면 내용을 쉽게 이해할 수 있다.

Reading 07과 본문 읽기 1-2

Track 07-02

しかし、隅田川花火大会は、その後周辺の交通事情が悪化し、また隅田川の汚染で川の悪臭がひどくなったため、昭和(しょうわ)三十六年(1961)に一度なくなってしまった。①それを残念に思った人も多く、その後日本のいろんな所で花火大会が行われるようになった。

花火大会ですばらしい花火が上がると、どこからか「玉屋(たまや)〜、鍵屋(かぎや)〜」という掛け声が聞こえてくる。②これは「玉屋」と「鍵屋」という江戸の花火職人に由来している。江戸の夏を飾る「③両国の川開き」では六代目「鍵屋弥兵衛(やへえ)」という花火職人が活躍したのだが、彼の花火は江戸では大変人気で、鍵屋の名前が広まるきっかけとなった。その後、鍵屋の七代目の「清七(せいしち)」という花火職人が鍵屋から独立して「玉屋」という店を始めた。

以後、両国の川開きでは、玉屋と鍵屋がそれぞれの技を競い合い、江戸の人は人気職人によるすばらしい花火が上がるたびに「玉屋〜、鍵屋〜」と掛け声を上げたらしい。当時、玉屋の人気は鍵屋を凌ぐものだったが、1843年に花火で大火事(おおかじ)を起こしてしまい、江戸を追い出されることになった。結局、玉屋は一代(いちだい)でなくなってしまったが、現在でもすばらしい花火に対する掛け声は当時のまま残っている。

Writing 07과

내용 확인 문제 1-2

1 '①それ'가 가리키는 말을 찾아 써 보세요.

→ ____________________

2 '②これ'가 가리키는 말을 찾아 써 보세요.

→ ____________________

3 '③両国の川開き'에서 활약했던 불꽃놀이 장인 두 명을 찾아 써 보세요.

→ ____________________

4 '玉屋(たまや)'는 몇 대까지 있었는지 다음 ①~④에서 하나 고르세요.

① 一代(いちだい)　② 三代　③ 六代　④ 七代

핵심 포인트

스미다가와의 花火大会(はなびたいかい)는 쇼와 36년에 한 번 중지되었는데 그 이유는 무엇이며, 그리고 花火가 오를 때 외치는 「玉屋(たまや), 鍵屋(かぎや)」 라는 말의 유래 등의 정보를 파악해 보면 내용을 쉽게 이해할 수 있다.

Reading 07과 본문 읽기 2

花火大会

Track 07-03

「花火」というと、日本では夏の風物詩といえる。戦国時代、花火の原料である火薬は、もっぱら戦のために使われていた。しかし、江戸時代に入ると徐々に戦がなくなったため、火薬から花火が作られるようになり、夏の行事の一つとして発展していった。

日本で初めて花火を見物したのは、「徳川家康」だといわれている。慶長十八年(1613)の八月六日の夜、家康が駿府城でイギリス人から贈られた花火を見物したという記録が残っている。家康が見た花火は筒から火の粉が噴き出すもので、大きさは現在のものに比べるとかなり小さいものであったとされるが、当時としてはかなり画期的な出来事だったに違いない。

夏の花火は、大きく二つに分かれる。地上に仕掛けを作って形や文字を見せる「仕掛け花火」と、空高く打ち上げる「打ち上げ花火」である。昔は、家が木で作られていて大変燃えやすく、一度火事になると多くの人が死んだため、江戸の中では花火が禁止されていた。その結果、打ち上げ花火は安全な川の近くで打ち上げられるようになった。こうして江戸では隅田川を中心に、花火見物が行われるようになったのである。

江戸の両国では毎年夏になると、隅田川で水の事故防止を祈る「川開き」の行事が行われていたが、1733年にはそれを花火を上げて祈るようになった。その頃には花火の技術も発達し、また川のそばにもたくさんのお店があったため、見物しに多くの人が集まり、夏の花火を楽しんだという。これが日本で有名な隅田川花火大会の始まりである。

しかし、隅田川花火大会は、その後周辺の交通事情が悪化し、また隅田川の汚染で川の悪臭がひどくなったため、昭和三十六年(1961)に一度なくなってしまった。それを残念に思った人も多く、その後日本のいろんな所で花火大会が行われるようになった。

花火大会ですばらしい花火が上がると、どこからか「玉屋～、鍵屋～」という掛け声が聞こえてくる。これは「玉屋」と「鍵屋」という江戸の花火職人に由来している。江戸の夏を飾る「両国の川開き」では六代目「鍵屋弥兵衛」という花火職人が活躍したのだが、彼の花火は江戸では大変人気で、鍵屋の名前が広まるきっかけとなった。その後、鍵屋の七代目の「清七」という花火職人が鍵屋から独立して「玉屋」という店を始めた。

以後、両国の川開きでは、玉屋と鍵屋がそれぞれの技を競い合い、江戸の人は人気職人によるすばらしい花火が上がるたびに「玉屋～、鍵屋～」と掛け声を上げたらしい。当時、玉屋の人気は鍵屋を凌ぐものだったが、1843年に花火で大火事を起こしてしまい、江戸を追い出されることになった。結局、玉屋は一代でなくなってしまったが、現在でもすばらしい花火に対する掛け声は当時のまま残っている。

Writing 07과 내용 확인 문제 2

◉ 다음 본문의 내용에 대한 질문에 답해 보세요.

1 「徳川家康」が見物した花火はどんなものでしたか。

→ ____________________

2 江戸の中で花火が禁止されていたのはどうしてですか。

→ ____________________

3 隅田川花火大会の始まりとなった行事は何ですか。

→ ____________________

4 隅田川花火大会が一度なくなったのはどうしてですか。

→ ____________________

5 鍵屋の名前が広まるきっかけは何でしたか。

→ ____________________

6 江戸時代、玉屋と鍵屋のどちらが人気がありましたか。

→ ____________________

쉬어 가기

物作り(ものづくり) (장인정신)

「物作り(ものづくり)」란 장인 정신을 바탕으로 한 일본의 독특한 제조 문화를 일컫는 말이며, 일본 제조업의 혼(魂)이자 일본의 자존심을 상징하기도 한다. 「物作り」라고 하는 말은 고유일본어인데, 생산과 제조를 뜻하는 용어로 활발히 쓰이게 된 것은 1990년대 후반부터이다. 이것은 일본 기업의 경쟁력 요인을 설명할 때 자주 인용된다.

일본인들은 자신의 직업과 관련해서 보다 좋은, 보다 상위의 직업으로 올라가려는 욕망보다는 현재 자신의 직업과 신분에 충실하려는 경향이 짙다. 그래서 작은 라면 가게나 초밥 집을 가업으로서 3대, 4대째 잇는 사람들을 흔히 볼 수 있다. 이러한 일본의 가업 잇기의 장점은 혼신의 힘을 쏟아 최고의 제품을 만드는 「物作り」라고 하는 그들의 장인정신을 보면 알 수 있다.

1980년대 이후 단순 제조 작업의 거점은 중국 등으로 옮겨 갔고 때마침 IT열풍과 재테크가 유행하고, 일본의 제조업에는 3K로 대표되는 공장에서 기름투성이가 되는 작업의 부정적인 인상이 강했다. 그러나 1990년대 후반부터 자동차 산업을 필두로 일본 제조업이 부활했다.

일본의 제조업은 집약적 단순 노동이 아니라, 보다 고도하고 정신성이 높은 기술 활동이라는 긍정적 인식이 생겨 제조업을 긍정적인 이미지로 「物作り」라는 표현을 사용하게 되었다. 현재 일본 제조업의 번영은 일본 전통문화에 근원을 발한다는 것이다. 1999년 3월 19일에 物作り 기반기술진흥기본법이 공포되자 기업이나 언론 사이에서도 널리 쓰이게 되었다.

Pattern 07과

핵심 문형

01 ～に違いない ～임에 틀림없다

어떤 근거에 입각하여 화자가 강하게 확신할 때 사용하는 표현이다. '틀림없이 ～라고 생각한다'라는 의미를 나타내며, 「～だろう(～일 것이다)」와 비교해서 화자가 갖는 확신의 정도 · 선입견의 정도가 높다.

- 当時としてはかなり画期的な出来事だったに違いない。
- 彼は私の退職の理由を知っているに違いない。
- ユナちゃんは昨日かなり飲んだに違いない。今朝も気分が悪そうだ。
- 彼女から返事がない。僕のメールを読んでいないに違いない。

02 ～やすい ～하기 쉽다

동사 ます형에 연결되어, 그 동작을 간단히 할 수 있거나 그 동작이 쉽게 일어날 수 있을 때 사용하는 표현이다. '～하는 것이 쉽다, 쉽게 ～하다'라는 의미를 나타내며, 반대의 뜻을 나타내는 말로는 「～にくい(～하기 어렵다)」가 있다.

- 家が木で作られていて大変燃えやすかった。
- この教科書は字が大きくて読みやすい。
- あなたの説明はとてもわかりやすいです。
- この季節は食べ物が腐りやすい。

낱말과 표현

退職 퇴직 | 気分が悪い 기분이 나쁘다, 속이 안 좋다 | 説明 설명 | 腐る 썩다, 부패하다

03 ～たびに ～할 때마다

어떤 일이 일어나면 그때는 항상 같은 상황이 된다고 말하고자 할 때 사용하는 표현이다. '그때마다, ～하면 언제나 그때는'이라는 의미를 나타내고, 동사 기본형과 「명사+の」의 형태에 연결된다.

- 花火が上がるたびに「玉屋～、鍵屋～」と掛け声を上げたらしい。
- 父は日本に行くたびに和菓子を買ってくる。
- 彼らは顔を合わせるたびにけんかをする。
- 大雨のたびに自宅付近の道路が冠水する。

04 ～まま ～인 채(로)

같은 상태가 변하지 않고 계속되는 것을 나타낼 때 사용하는 표현이며, '(그 상태) 그대로, ～인 채(로)'라는 의미를 나타낸다. 명사, な형용사, い형용사는 명사 수식형에 연결되고, 동사는 た형에 이어진다.

- すばらしい花火に対する掛け声は当時のまま残っている。
- 20年ぶりに会ったが、彼女は昔のままだった。
- 私は年を取っても、絶対にきれいなままでいたいと強く思っています。
- 眼鏡を掛けたまま寝てしまうことがたまにあります。

낱말과 표현

和菓子 일본식 과자 | 顔を合わせる 얼굴을 마주 대하다, 만나다 | けんかをする 싸우다 | 大雨 호우 | 自宅 자택 | 付近 부근, 근처 | 冠水する 침수되다 | ～ぶり ～만에 | 昔 옛날 | 年を取る 나이를 먹다, 늙다 | 絶対に 절대로

Exercise 07과

기본 연습 문제

1 다음 밑줄 친 단어 중 한자는 히라가나로, 가타카나는 한자로 고쳐 쓰세요.

1 当時としては画期的な出来事だったに違いない。 (　　　　　　)

2 また隅田川の汚染で川の悪臭がひどくなった。 (　　　　　　)

3 江戸の中では花火がキンシされていた。 (　　　　　　)

4 花火大会はショウワ三十六年に一度なくなってしまった。
(　　　　　　)

2 다음 ( ) 안의 표현을 알맞은 형태로 바꾸어 빈칸에 써 넣으세요.

1 この自動車(じどうしゃ)は＿＿＿＿＿＿やすい。(運転(うんてん)する)

2 最近(さいきん)、目が＿＿＿＿＿＿やすくなったような気がします。(疲(つか)れる)

3 机(つくえ)に＿＿＿＿＿＿まま、何もしないでぼんやりしていた。(向(む)かう)

4 冷房(れいぼう)を＿＿＿＿＿＿まま寝ることは身体(しんたい)に悪いと言われている。(つける)

낱말과 표현

目(め)が疲(つか)れる 눈이 피곤하다 | 机(つくえ)に向(む)かう 책상 앞에 앉다 | ぼんやり 멍하니, 멍청히 | 冷房(れいぼう) 냉방 | 身体(しんたい) 신체

3 다음 문장을 〈보기〉와 같이 바꿔 표현해 보세요.

> **보기** 彼の実力(じつりょく)ならきっと合格(ごうかく)する
>
> → 彼の実力なら合格するに違(ちが)いない。

1 この事件(じけん)の裏(うら)にはきっと何かがある

→ ______________________________

2 これはきっと本物(ほんもの)のダイヤだ

→ ______________________________

3 今ごろは、きっと山田さんはひまだ

→ ______________________________

4 다음 (　) 안에 들어갈 알맞은 말을 〈보기〉에서 골라 문장을 완성하세요.

> **보기** に違いない　　たびに　　まま

1 試験の(　　　　　　)、私はものすごく緊張(きんちょう)する。

2 コンタクトレンズをつけた(　　　　　　)、寝てしまいました。

3 彼女はよく勉強していたから、合格した(　　　　　　)。

낱말과 표현

実力(じつりょく) 실력 | 事件(じけん) 사건 | 裏(うら) 뒤, 이면, 배후 | きっと 꼭, 반드시 | 本物(ほんもの) 진짜, 실물 | ダイヤ 다이아, 'ダイヤモンド'의 준말 | ひまだ 한가하다 | 緊張(きんちょう)する 긴장하다 | コンタクトレンズ 콘택트 렌즈(contact lens)

Exercise 07과 심화 연습 문제

次の文章を読んで、後の問いに対する答えとして、最もよいものを１・２・３・４から一つ選びなさい。

夏の風物詩といえば、何といっても花火だろう。その中でも子どもたちに人気なのは「手持ち花火」ではないだろうか。手持ち花火は花火大会で見物する「打ち上げ花火」や「仕掛け花火」のような豪華さはないが、手持ち花火には①手持ち花火だけのよさがある。

手持ち花火とは人が手に持って火をつけ、先から噴き出す火の粉を見て楽しむ花火で、子どもから大人まで簡単に遊べる花火として日本中で広く愛されている。夏になると、スーパーには家族向けに手持ち花火のセットがたくさん売られている。

手持ち花火にもいろいろあるが、私が一番好きなのは(注1)定番(ていばん)の「線香花火」だ。線香はいろんな香りがする粉を固めて細い(注2)棒(ぼう)にしたもので、これに火をつけて皿に立てて(注3)仏壇(ぶつだん)に供える。線香花火の名は江戸時代に線香のように立てて花火を楽しんだことに由来するという。

線香花火は火をつけると、まず火の(注4)ボールができる。②そこから静かに火の粉が散り、火の粉の形が少しずつ変わる。やがて、火がボールのようになって、徐々に消えていく。燃える線香花火を見ていると、花火の色や音が疲れた心を(注5)いやしてくれる。

また、線香花火は火のボールが落ちやすく、ボールが落ちると、花火も一瞬で終わってしまう。幼い頃は、家族や友達の中で誰の線香花火が一番長いか競い合うゲームをよくやったものだ。暑い夏の夜に楽しむ線香花火は私にとって昔の思い出と重なる③特別な時間でもある。

(注1) 定番(ていばん)：流行に左右されない商品
(注2) 棒(ぼう)：まっすぐで細長いもの
(注3) 仏壇(ぶつだん)：仏教で死んだ人の名前を書いた板を置く棚
(注4) ボール：丸いもの、球
(注5) いやす：苦しさや痛さをなおす

1 ①手持ち花火だけのよさについて、最も正しいものはどれか。

1 大きく派手である
2 気軽に楽しめる
3 セットだから安い
4 たくさん種類がある

2 ②そことは何を指しているか。

1 手持ち花火
2 線香花火
3 火のボール
4 火の粉

3 筆者にとって③特別な時間でもあるのはどうしてか。

1 線香花火は子どもの頃の定番の思い出だから
2 線香花火は家族や友達と遊んだ思い出の花火だから
3 線香花火のボールは落ちやすく、特別に注意が必要だから
4 線香花火のボールは落ちると、一瞬で終わってしまうから

08과

七五三(しちごさん) 시치고산

워밍업 Warming-up

❶「七五三」은 언제일까요?

❷「七五三」이란 무엇을 축하하는 행사일까요?

핵심 표현 key Expression

❶ 当初(とうしょ)は江戸(えど)をはじめとする、ごく限(かぎ)られた都市(とし)でのみ行(おこな)われていた。

❷ 紐付(ひもつ)きの着物(きもの)に代(か)わって着物を帯(おび)で締(し)めるようになるのだ。

❸ 武家(ぶけ)の服(ふく)を着(き)ることが許(ゆる)され、その名残(なごり)が今(いま)に続(つづ)いているわけだ。

❹ 晴(は)れ着(ぎ)を着たわが子(こ)を誉(ほ)めてくれると、親(おや)としては嬉(うれ)しいものだ。

단어 노트

- **見頃(みごろ)** 보기에 딱 좋은 알맞은 때
- **晴れ着(はれぎ)** 화려한 장소에서 입는 옷, 나들이옷
- **今(いま)でこそ** 지금이야말로, 지금은
- **～をはじめとする** ~을 비롯한, ~을 위시한
- **ごく** 극히, 대단히
- **紐付(ひもつ)き** 끈이 붙어 있음
- **帯(おび)** 띠, 벨트
- **締(し)める** 조르다, (졸라)매다
- **袴(はかま)** 일본 옷으로 겉에 입는 주름 잡힌 하의
- **合(あ)わさる** 합쳐지다, 어울리다
- **紋付(もんつ)き** 한 집안의 문장(紋章(もんしょう))을 넣은 것
- **羽織(はおり)** 일본 옷의 겉에 입는 짧은 상의
- **箱迫(はこせこ)** 옛날 여자들이 품에 지니던 상자 모양의 지갑
- **扇子(せんす)** 접는 부채
- **草履(ぞうり)** 일본의 짚신, 샌들
- **揃(そろ)える** 갖추다, 맞추다
- **お参(まい)り** 신불을 참배하러 감, 참배
- **写真館(しゃしんかん)** 사진관
- **上下揃(じょうげぞろ)い** 상하 모두 갖추어진 것, 상하 한벌
- **わが子(こ)** 내 자식
- **りりしい** 늠름하다, 씩씩하다
- **誉(ほ)める** 칭찬하다
- **学問(がくもん)** 학문
- **菅原道真(すがわらのみちざね)** 스가와라 미치자네(인명), 헤이안 시대 전기의 학자, 학문의 신
- **湯島天神(ゆしまてんじん)** 菅原道真를 모시는 신사
- **絵馬(えま)** 소원을 빌 때 신사나 절에 봉납하는 말 그림의 판자
- **奉納(ほうのう)する** 봉납하다
- **板(いた)** 판자
- **掛(か)ける** 걸다, 매달다
- **家族(かぞく)づれ** 가족 동반
- **目指(めざ)す** 목표로 하다, 노리다
- **満(み)ち溢(あふ)れる** 가득 차서 넘치다, 충만하다

七五三(しちごさん)

Track 08-01

関東地方から西側、九州地方に至る地域でちょうど紅葉が見頃になる十一月中旬の日曜日。この日、街では「七五三」の晴(は)れ着(ぎ)に身を包んだ小さな子どもたちの姿をよく見かける。

七五三は本来なら十一月十五日なのだが、十一月十五日は休みでなく、子どもたちも学校や幼稚園に行かなければならないため、一般的には①この日の直前の日曜日に七五三を祝うことが多い。

七五三を祝うのは、三歳の男の子と女の子、五歳の男の子、そして、七歳の男の子と女の子とされている。だが最近は、女の子は三歳と七歳、男の子は五歳のときだけと簡単に済ませたり、地域によって祝う歳が違ったりもする。

七五三の始まりは江戸時代といわれている。今でこそ全国的に行われている七五三だが、当初は江戸をはじめとする、ごく限られた都市でのみ行われていた。

日本にはもともと子どもの成長を祝うさまざまな行事があった。例えば、昔は子どもが成長すると紐付(ひもつ)きの着物(きもの)に代わって大人と同じように着物を帯(おび)で締めるようになるのだが、これを祝う「紐落(ひもおとし)」と呼ばれる行事があった。また、成長して初めて袴(はかま)をはくようになったことを祝う「袴着(はかまぎ)」という行事もあった。「七五三」はこのような祝いの行事が合わさってできたものと考えられている。

Writing 08과

내용 확인 문제 1-1

1 '①この日'가 가리키는 말을 찾아 써 보세요.

→ ______

2 '七五三'의 대상이 아닌 사람을 다음 ①~④에서 하나 고르세요.

① 三歳の男の子 ② 三歳の女の子

③ 五歳の女の子 ④ 七歳の男の子

3 '七五三'은 어느 시대에 시작되었는지 찾아 써 보세요.

→ ______

4 '七五三' 이전의 아이의 성장을 축하하는 전통 행사를 두 개 찾아 써 보세요.

→ ______

핵심 포인트

七五三(しちごさん)은 아이들의 성장을 축하해 주기 위해 에도시대부터 실시된 연중행사이다. 이것은 원래 언제, 그리고 아이들이 몇 살이 되는 해에 축하해 주었는지, 또 현재는 어떻게 변했으며, 어떤 행사가 합쳐져서 생겨난 것인지 등의 정보를 파악해 보면 내용을 쉽게 이해할 수 있다.

Reading 08과 본문 읽기 1-2

Track 08-02

七五三の日、男の子は普通紋付きの羽織に袴をはく。江戸時代、この日だけは町民の子どもも武家の服を着ることが許され、①その名残が今に続いているわけだ。一方、女の子は着物に筥迫・扇子・草履などを揃えて出かける。

こうして②晴れ着を着た子どもたちは、親といっしょにその地域を守る氏神様がいる神社にお参りに行く。そして、子どもたちは神社で千歳飴をもらう。この千歳飴には、子どもの健康や成長への願いがこめられている。お参りが終わると、写真館で記念写真を撮って帰る。

近年は着物や羽織袴の値段が高いこともあって、代わりに上下揃いの洋服を着る子どもも少なくない。それでも、街行く人が晴れ着を着たわが子を「かわいいね」とか「りりしいね」とか誉めてくれると、親としては嬉しいものだ。

お参りも氏神様ではなく、将来すばらしい人生が送れるようにと③天神様にお参りする家もある。「天神様」とは、学問の神である菅原道真を祭る神社だ。例えば東京では、多くの人が上野の近くにある湯島天神に出かける。

神社にはさまざまな④絵馬が奉納されている。この絵馬は、もともと神社に奉納していた馬の代わりに、馬の絵を描いた板を奉納するようになったものだ。現在では、お参りに来た人が絵馬に願い事を書いて絵馬掛けに掛ける。

七五三を祝う秋の週末、湯島天神は子どもの幸せを祈ろうとする家族づれでいっぱいになる。学問の神を祭る湯島天神は普段は大学合格を祈る受験生が訪ねてくるため、絵馬にも目指す大学の名前が書かれているものが多いのだが、この日が過ぎると、絵馬掛けは子どもの成長を願う親の温かい言葉で満ち溢れる。

Writing 08과

내용 확인 문제 1-2

1 '①その名残'는 무엇인지 찾아 써 보세요.

→ ______________________________

2 '②晴れ着を着た子どもたち'가 당일 하는 일을 다음 ①~④에서 하나 고르세요.

① 神社に着物を買いに行く

② 神社にお参りに行く

③ 写真館で千歳飴(ちとせあめ)をもらう

④ 写真館で記念写真をもらう

3 '③天神様(てんじんさま)'가 어떤 신사인지 찾아 써 보세요.

→ ______________________________

4 현재 '④絵馬(えま)'는 무엇을 하는 데 쓰이는지 찾아 써 보세요.

→ ______________________________

핵심 포인트

七五三(しちごさん) 행사를 할 때, 여자 아이와 남자 아이는 어떤 복장을 하고, 어떤 신사에 참배하러 가는지, 또 거기서 무엇을 받는지, 그리고 아이의 성장을 기원하기 위해 신사에 봉납하는 말 그림의 판자를 무엇이라 하는지 등의 정보를 파악해 보면 내용을 쉽게 이해할 수 있다.

七五三

Track 08-03

関東地方から西側、九州地方に至る地域でちょうど紅葉が見頃になる十一月中旬の日曜日。この日、街では「七五三」の晴れ着に身を包んだ小さな子どもたちの姿をよく見かける。

七五三は本来なら十一月十五日なのだが、十一月十五日は休みでなく、子どもたちも学校や幼稚園に行かなければならないため、一般的にはこの日の直前の日曜日に七五三を祝うことが多い。

七五三を祝うのは、三歳の男の子と女の子、五歳の男の子、そして、七歳の男の子と女の子とされている。だが最近は、女の子は三歳と七歳、男の子は五歳のときだけと簡単に済ませたり、地域によって祝う歳が違ったりもする。

七五三の始まりは江戸時代といわれている。今でこそ全国的に行われている七五三だが、当初は江戸をはじめとする、ごく限られた都市でのみ行われていた。

日本にはもともと子どもの成長を祝うさまざまな行事があった。例えば、昔は子どもが成長すると紐付きの着物に代わって大人と同じように着物を帯で締めるようになるのだが、これを祝う「紐落」と呼ばれる行事があった。また、成長して初めて袴をはくようになったことを祝う「袴着」という行事もあった。七五三はこのような祝いの行事が合わさってできたものと考えられている。

七五三の日、男の子は普通紋付きの羽織に袴をはく。江戸時代、この日だけは町民の子どもも武家の服を着ることが許され、その名残が今に続いているわけだ。一方、女の子は着物に箱迫・扇子・草履などを揃えて出かける。

こうして晴れ着を着た子どもたちは、親といっしょにその地域を守る氏神様がいる神社にお参りに行く。そして、子どもたちは神社で千歳飴をもらう。この千歳飴には、子どもの健康や成長への願いがこめられている。お参りが終わると、写真館で記念写真を撮って帰る。

近年は着物や羽織袴の値段が高いこともあって、代わりに上下揃いの洋服を着る子どもも少なくない。それでも、街行く人が晴れ着を着たわが子を「かわいいね」とか「りりしいね」とか誉めてくれると、親としては嬉しいものだ。

お参りも氏神様ではなく、将来すばらしい人生が送れるようにと天神様にお参りする家もある。「天神様」とは、学問の神である菅原道真を祭る神社だ。例えば東京では、多くの人が上野の近くにある湯島天神に出かける。

神社にはさまざまな絵馬が奉納されている。この絵馬は、もともと神社に奉納していた馬の代わりに、馬の絵を描いた板を奉納するようになったものだ。現在では、お参りに来た人が絵馬に願い事を書いて絵馬掛けに掛ける。

七五三を祝う秋の週末、湯島天神は子どもの幸せを祈ろうとする家族づれでいっぱいになる。学問の神を祭る湯島天神は普段は大学合格を祈る受験生が訪ねてくるため、絵馬にも目指す大学の名前が書かれているものが多いのだが、この日が過ぎると、絵馬掛けは子どもの成長を願う親の温かい言葉で満ち溢れる。

Writing 08과 내용 확인 문제 2

◉ 다음 본문의 내용에 대한 질문에 답해 보세요.

1 七五三を十一月十五日にしない理由は何ですか。

→ ______________________________

2 最近は、七五三を何歳のときに祝いますか。

→ ______________________________

3 昔における子どもと大人の着物の違いは何ですか。

→ ______________________________

4 最近の七五三で、上下揃いの洋服を着るのはどうしてですか。

→ ______________________________

5 絵馬とは具体的にどんなものですか。

→ ______________________________

6 七五三が過ぎると、湯島天神の絵馬掛けはどうなりますか。

→ ______________________________

쉬어가기

千歳飴(지토세아메)

아이가 七五三을 맞이한 집안의 어른들은 전통 옷을 입고, 아이에게도 명절 옷인 晴れ着를 입힌 뒤 자신들의 조상신을 모시는 신사 또는 유명한 신사를 찾아가서 재앙을 쫓는 의식을 행하며 아이가 건강하게 성장할 것을 기원한다.

이 七五三에는 千歳飴를 먹는데, 이것은 지름 1cm, 길이 30cm 정도로 가늘고 길쭉한 모양의 사탕이다. 그 긴 모양은 이름과 더불어 천 살까지 장수하라는 염원이 담겨져 있으며, 또 사탕의 홍백색은 길조로 여겨져 아이들의 건강과 장수, 그리고 성공을 기원하는 마음을 담아 부모가 자식에게 선물한다. 지금은 편의점 등에서도 간단히 살 수 있지만, 전통 있는 가게에서는 손으로 만든 千歳飴를 신사에 봉납하고 액막이 행사를 치르고 나서 판매하는 곳도 있다. 전통적인 千歳飴는 사탕뿐만 아니라 포장에도 좋은 의미를 지닌 상서로운 것, 예를 들면 학과 거북, 소나무, 대나무, 매화나무 등 장수를 상징하는 것들인데, 그것들은 아이들의 건강한 성장을 기원하는 그림인 것이다. 원래 七五三은 아이들이 무사히 한고비를 넘긴 해를 맞이한 것을 축하하기 위한 행사이기에, 이 행사와 千歳飴가 조화를 잘 이루고 있다고 할 수 있다. 이 千歳飴는 아사쿠사(浅草)에서 처음으로 팔기 시작했다는 유래 때문에 관동지방에서 유행하게 되었다고 한다.

핵심 문형

01 ～をはじめとして ～을 비롯하여

대표가 되는 것을 「～をはじめとして」라고 먼저 예를 들고 나서 '같은 그룹 외의 것도 모두'라고 말하고자 할 때 사용한다. 뒤에 명사를 수식할 때는 「～をはじめとする＋명사」의 형태가 된다.

- 当初は江戸をはじめとする、ごく限られた都市でのみ行われていた。
- 京都は金閣寺をはじめとして、有名なお寺がたくさんある。
- 外国語を使う仕事は、通訳、翻訳をはじめとして様々な種類がある。
- 部長をはじめとする、営業部のみんなといっしょに酒を飲んだ。

02 ～に代わって ～을 대신해서

명사에 연결되어 '어떤 것(사람)이 할 일을 다른 것(사람)이 한다'는 의미를 나타낸다. 조금 딱딱한 표현이며, 「～の代わりに」로 바꾸어 말할 수 있다. 또, 명사를 수식할 때는 「～に代わる＋명사」의 형태가 된다.

- 紐付きの着物に代わって着物を帯で締めるようになるのだ。
- ここでは、人間に代わってロボットが作業をしている。
- 絶滅寸前のウナギに代わるものとして、「ナマズ」が挙げられる。

낱말과 표현

お寺 사찰, 절 | 通訳 통역 | 翻訳 번역 | 営業部 영업부 | ロボット 로봇(robot) | 作業 작업 | 絶滅寸前 멸종 직전 | ウナギ 장어 | ナマズ 메기

03 ～わけだ　～한 것이다

어떤 사실이나 상황으로부터 '당연히 ～의 결론이 되다'라고 말하고자 할 때 사용한다. '이런 사실이 있으므로'라든가 '이런 상황이기 때문에'라고 앞에 이유를 나타내는 표현이 오는 경우가 많다.

- 武家(ぶけ)の服(ふく)を着(き)ることが許(ゆる)され、その名残(なごり)が今(いま)に続(つづ)いている**わけだ**。
- 要(よう)するに、あなたには二(ふた)つ選択肢(せんたくし)がある**わけだ**。
- 彼(かれ)はベトナムで働(はたら)いていたので、現地(げんち)の事情(じじょう)にかなり詳(くわ)しい**わけだ**。

04 ～ものだ　～하는 법이다〈본성, 충고〉

진리, 상식, 본래의 성질 등에 관해서 일종의 감동이나 느낌을 담아서 말할 때 사용하며, 「本来(ほんらい)(본래)」와 함께 쓰는 경우가 많다. 일반적인 성질로써 말해 훈계로 사용하는 경우도 있다.

- 晴(は)れ着(ぎ)を着たわが子(こ)を誉(ほ)めてくれると、親(おや)としては嬉(うれ)しい**ものだ**。
- 初(はじ)めてのデートというものはとても緊張(きんちょう)する**ものだ**。
- 間違(まちが)いは誰(だれ)にでもある**ものだ**。

낱말과 표현

要(よう)するに 요컨대, 결국 | 選択肢(せんたくし) 선택지 | ベトナム 베트남(Vietnam) | 事情(じじょう) 사정 | かなり 제법 | 詳(くわ)しい 상세하다, 환하다 | デート 데이트(date) | 緊張(きんちょう)する 긴장하다

Exercise 08과 기본 연습 문제

1 다음 밑줄 친 단어 중 한자는 히라가나로, 가타카나는 한자로 고쳐 쓰세요.

1 その名残が今に続いているわけだ。 (　　　　　　)

2 神社には様々な絵馬が奉納されている。 (　　　　　　)

3 チョウミンの子どもも武家の服を着ることが許された。
(　　　　　　)

4 普段は大学合格を祈るジュケンセイが訪ねてくる。
(　　　　　　)

2 다음 (　) 안에 들어갈 알맞은 말을 〈보기〉에서 골라 문장을 완성하세요.

보기　に代わって　に代わる　わけだ　ものだ

1 今の社長(　　　)人物(じんぶつ)が社内(しゃない)にはいない。

2 結局(けっきょく)、10万円集まった。一人5千円ずつ出した(　　　)。

3 いっしょに遊ぶ友達が一人もいないというのは悲しい(　　　)。

4 首相(しゅしょう)(　　　)、外相(がいしょう)がアメリカを訪問(ほうもん)した。

낱말과 표현

人物(じんぶつ) 인물 | 社内(しゃない) 사내, 회사안 | 首相(しゅしょう) 수상 | 外相(がいしょう) 외부 장관

3 다음 { }에 들어갈 표현으로 맞는 것을 (A)와 (B) 중에서 선택하세요.

1 人は受けた恩はすぐに忘れるが、与えた恩はなかなか{(A)忘れる / (B)忘れない}ものだ。

2 人間というものは、いつかは{(A)死ぬ / (B)死なない}ものである。

3 子どもはタバコを吸う{(A)ものです / (B)ものではありません}。

4 借りた物はすぐに返す{(A)ものです / (B)ものではありません}。

4 다음 문장의 ___★___ 에 들어갈 알맞은 말을 1, 2, 3, 4 중에서 하나 고르세요.

1 振り込め詐欺 ______ ______ ___★___ ______ ご注意ください。

1 には　　2 をはじめとする　　3 充分　　4 特殊詐欺

2 若い人と ______ ______ ___★___ ______ 全く異なる。

1 音楽を　　2 年寄りとでは　　3 娯楽が　　4 はじめとする

3 本日は ______ ______ ___★___ ______ くださいました。

1 はじめとして　　2 多数の方々が　　3 出席して　　4 中村会長を

낱말과 표현

恩 은혜 | 与える 주다, 수여하다 | なかなか 상당히, 꽤 | 振り込め詐欺 입금(송금) 사기 | 充分 충분 | 特殊詐欺 특수 사기 | 年寄り 노인 | 娯楽 오락 | 本日 오늘 | 多数の方々 많은 분들

Exercise 08과 심화 연습 문제

次の文章を読んで、後の問いに対する答えとして、最もよいものを1・2・3・4から一つ選びなさい。

日本では神は馬に乗って、人間の世界に降りてくると信じられていた。つまり、馬は昔から神の乗り物として、大変(注1)貴重な動物だったのである。7世紀の奈良時代には、神に祈るときには生きた馬を供えていたという。

しかし、生きた馬というのは個人で供えるには値段が高く、また馬をもらった神社は神社で馬を育てるのが大変だった。①こうした問題から、生きた馬に代わって木や土でできた馬の人形を供えるようになっていったのである。やがて、馬の人形は板に馬の絵を描いて供えるようになった。②これが、「絵馬」の始まりとされる。

今では絵馬は500円から1000円ほどで、全国の神社で誰でも簡単に買うことができる。絵馬には願い事を書くが、普通馬などの絵がある表部分の(注2)余白や裏側に願い事と自分の名前、住所を書く。最近では(注3)個人情報を守るため、願い事や名前、住所の部分に(注4)ステッカーを貼る絵馬もある。

願い事はいろいろ書いてもいいが、たくさん書きすぎるとそれぞれの願い事を(注5)かなえるための神の力が弱くなるとされる。そのため絵馬にはできるだけ③一番大切な願いを一つだけ書くといいだろう。

絵馬に書かれる願い事は、健康をはじめとして、恋愛、結婚などさまざまだが、一番多いのはやはり大学合格だろう。大学受験の季節になると、受験生は神社に絵馬を供えに行くものだ。そして、絵馬に書いた願い事がかなったら、その神社にお礼をしに行くのが普通である。

(注1) 貴重：とても大切にすること

(注2) 余白：字や絵が書かれていない部分

(注3) 個人情報：特定の個人がわかってしまう情報

(注4) ステッカー：大きいシール

(注5) かなえる：願いどおりにさせる、成就させる

1 ①こうした問題とはどういうことか。

1 神が馬に乗って人間世界を訪問すること

2 神が自分の乗り物として馬を好んだこと

3 馬は高価で、育てるのにも苦労すること

4 馬は日本にはあまりいない動物であること

2 ②これは何を指しているか。

1 板に馬を描いて供えるようになったこと

2 板を馬の形に切り取るようになったこと

3 馬の人形を作って供えるようになったこと

4 生きた馬を育てて供えるようになったこと

3 ③一番大切な願いを一つだけ書く理由として最もふさわしいのはどれか。

1 願いを書けば書くほど、神の力が小さくなってしまうから

2 願いを書けば書くほど、絵馬の余白がなくなってしまうから

3 願いをたくさん書くと、名前と住所を書けなくなってしまうから

4 願いをたくさん書くと、ステッカーが貼れなくなってしまうから

09과

紅葉狩り 단풍놀이

워밍업 Warming-up

❶ 단풍놀이를 「紅葉狩り」라고 표현하는 이유는 무엇일까요?

❷ 일본에서 「紅葉狩り」의 시기는 일정할까요?

핵심 표현 key Expression

❶ 時が経つにつれ「危険を伴う」という意味が弱まった。

❷ さらには「ぶどう狩り」の使われるようになった。

❸ というのも、紅葉狩りの時期は日本列島の地形が関係しているからだ。

❹ いつしか「楓」という名前の木だけを指すようになったのだ。

단어 노트

- 紅葉(もみじ) 단풍
- 詠(よ)む 시가(詩歌)를 짓다, 읊다
- 獣(けもの) 짐승
- 捕(つか)まえる 잡다, 붙잡다
- 名詞形(めいしけい) 명사형
- 鷹狩(たかが)り 매사냥
- 猛獣(もうじゅう) 맹수
- 伴(ともな)う 함께 가다, 동반하다
- 時(とき)が経(た)つ 시간이 지나다
- ～につれ ～함에 따라
- うさぎ 토끼
- 採(と)る 채집하다, 뽑다
- 眺(なが)める 바라보다
- 草花(くさばな) 화초, 풀과 꽃
- 狩猟(しゅりょう) 수렵
- 行楽(こうらく) 행락
- 色(いろ)づく 물들다
- 紅葉前線(こうようぜんせん) 단풍전선
- 木(こ)の葉(は) 나뭇잎
- 紅葉(こうよう)する 단풍이 들다
- 地形(ちけい) 지형
- 数千(すうせん)メートル級(きゅう) 수천 미터급
- 標高(ひょうこう) 해발, 표고
- 晩秋(ばんしゅう) 만추, 늦가을
- いつしか 어느덧, 어느 사이에
- 楓(かえで) 단풍나무
- 古語(こご) 고어
- 万葉集(まんようしゅう) 나라시대 말엽에 쓰여진 일본에서 가장 오래된 시가(詩歌)집
- 蛙(かえる) 개구리
- ユニークだ 유니크(unique)하다, 독특하다
- 発想(はっそう) 발상
- うかがえる 엿보다, 살피다

Reading 09과

본문 읽기 1-1

紅葉狩り

Track 09-01

「①紅葉狩り」とは、山に紅葉を見に出かけることである。それなら「②花見」のように「紅葉見」なのではないかと思うかもしれないが、正しくは「紅葉狩り」という。実は「花見」と呼ばれる春に桜を見る行事も、昔の和歌や俳句では「桜狩り」と詠まれていた。

「狩り」の意味は、「獣を捕まえる」ことである。では、どうしてわざわざ「紅葉狩り」や「桜狩り」というのかというと、「狩り」という言葉には、「何かを見つけるために自然の中に入って、あちこち探し回る」という意味があるからだ。

動詞「狩る」の名詞形「狩り」は本来、「鷹狩り」のように猛獣を捕えることである。つまり「狩り」とは危険を伴うものだった。しかし、時が経つにつれ「危険を伴う」という意味が弱まり、「うさぎ狩り」のように小動物や小鳥を捕まえることや、さらには「ぶどう狩り」のように果物を採る意味で使われるようになった。そして、「何かを捕まえる」、「採る」、「手に入れる」という意味が消え、「あるものを探して眺める」という意味に使われるようになったのだ。

このように「狩り」という言葉が本来の獣の狩りから、草花を眺める場合にも用いられるようになった理由の一つには、平安時代の貴族の中に狩猟をしない者が現れたからだといわれる。そういった貴族は山での狩猟の代わりに、山で草花を手に取って眺めることを楽しんだ。

Writing 09과

내용 확인 문제 1-1

1 '①紅葉狩り(もみじがり)'가 무엇인지 찾아 써 보세요.

→

2 '②花見'를 가리키는 다른 말을 찾아 써 보세요.

→

3 '狩り'의 뜻이 아닌 것을 다음 ①~④에서 하나 고르세요.

① 何かを採ること

② 何かを捕まえること

③ 何か見に出かけること

④ 何かを探して眺めること

4 '狩り'가 들어가는 말을 본문에서 다섯 개 찾아 써 보세요.

→

핵심 포인트

紅葉狩り(もみじがり)는 '단풍놀이' '단풍 구경'이라는 의미이다. 狩り(かり)라는 말은 원래 무슨 뜻이었으며, 그것이 어떤 의미의 변천 과정을 거쳐 오늘날 어떤 뜻으로 사용되는지, 그리고 그러한 의미로 변한 이유는 무엇인지 등의 정보를 파악해 보면 내용을 쉽게 이해할 수 있다.

Reading 09과 본문 읽기 1-2

Track 09-02

現代でも紅葉狩りは秋の行楽(こうらく)として大変人気があり、美しい紅葉を見ようと多くの人が紅葉狩りに出かける。紅葉狩りは期間が決まっているのではなく、実際に紅葉が色づき始める時期や色づき具合によって期間が長かったり短かったりする。

紅葉狩りに出かけるときはまず天気予報の①紅葉前線(こうようぜんせん)の動きに注目するといいだろう。紅葉前線とは木の葉が紅葉し始めた地域を結ぶ線だが、これは基本的に桜前線と逆、すなわち北から南へ、そして東から西へと進んでいく。だが、実際はそう単純なものではない。

というのも、紅葉狩りの時期は日本列島の地形が大きく関係しているからだ。日本には数千メートル級の山々があり、②そういう所では周辺の標高の低い所よりも早く紅葉が始まる。

日本語の「紅葉」という言葉には、大きく二つの意味がある。その一つは、晩秋に木の葉が紅(あか)や黄色に色づくこと、またはその時に色づいた木の葉自体を指す。また、「紅葉」は、もともと「紅葉する」という意味の「もみづ」という動詞の名詞形「もみぢ」から生まれたとされ、それがいつしか紅葉の代表ともいえる「楓(かえで)」という名前の木だけを指すようになったのだ。③これが「紅葉」の二つめの意味である。

楓は古語では「かへで」と書き、また『万葉集(まんようしゅう)』では「かへるで」、つまり「蛙の手」と書かれている。楓の葉が蛙の手に似ているためこのような名前がつけられたようだ。昔の人々のユニークな発想がうかがえる。

Writing 09과

내용 확인 문제 1-2

1 '①紅葉前線(こうようぜんせん)'이 무엇인지 찾아 써 보세요.

→ ______________________________

2 '①紅葉前線'의 설명으로 맞는 것을 다음 ①~④에서 하나 고르세요.

① 南から北に進む。

② 西から東に進む。

③ 桜前線と逆に進む。

④ 動きが単純である。

3 '②そういう所'가 가리키는 것을 찾아 써 보세요.

→ ______________________________

4 '③これ'가 가리키는 것을 찾아 써 보세요.

→ ______________________________

핵심 포인트

紅葉狩(もみじが)り는 가을의 행락으로서 오늘날 대단히 인기가 있는데, 그 시기는 무엇과 관련이 깊고, 紅葉狩り에 나갈 때는 무엇에 주목하면 좋은지, 그리고 「紅葉(もみじ)」 라는 말에는 어떤 뜻이 있는지 등의 정보를 파악해 보면 내용을 쉽게 이해할 수 있다.

Reading 09과

본문 읽기 2

紅葉狩り

Track 09-03

「紅葉狩り」とは、山に紅葉を見に出かけることである。それなら「花見」のように「紅葉見」なのではないかと思うかもしれないが、正しくは「紅葉狩り」という。実は「花見」と呼ばれる春に桜を見る行事も、昔の和歌や俳句では「桜狩り」と詠まれていた。

「狩り」の意味は、「獣を捕まえる」ことである。では、どうしてわざわざ「紅葉狩り」や「桜狩り」というのかというと、「狩り」という言葉には、「何かを見つけるために自然の中に入って、あちこち探し回る」という意味があるからだ。

動詞「狩る」の名詞形「狩り」は本来、「鷹狩り」のように猛獣を捕えることである。つまり「狩り」とは危険を伴うものだった。しかし、時が経つにつれ「危険を伴う」という意味が弱まり、「うさぎ狩り」のように小動物や小鳥を捕まえることや、さらには「ぶどう狩り」のように果物を採る意味で使われるようになった。そして、「何かを捕まえる」、「採る」、「手に入れる」という意味が消え、「あるものを探して眺める」という意味に使われるようになったのだ。

このように「狩り」という言葉が本来の獣の狩りから、草花を眺める場合にも用いられるようになった理由の一つには、平安時代の貴族の中に狩猟をしない者が現れたからだといわれる。そういった貴族は山での狩猟の代わりに、山で草花を手に取って眺めることを楽しんだ。

現代でも紅葉狩りは秋の行楽として大変人気があり、美しい紅葉を見ようと多くの人が紅葉狩りに出かける。紅葉狩りは期間が決まっているのではなく、実際に紅葉が色づき始める時期や色づき具合によって期間が長かったり短かったりする。

紅葉狩りに出かけるときはまず天気予報の紅葉前線の動きに注目するといいだろう。紅葉前線とは木の葉が紅葉し始めた地域を結ぶ線だが、これは基本的に桜前線と逆、すなわち北から南へ、そして東から西へと進んでいく。だが、実際はそう単純なものではない。

というのも、紅葉狩りの時期は日本列島の地形が大きく関係しているからだ。日本には数千メートル級の山々があり、そういう所では周辺の標高の低い所よりも早く紅葉が始まる。

日本語の「紅葉」という言葉には、大きく二つの意味がある。その一つは、晩秋に木の葉が紅や黄色に色づくこと、またはその時に色づいた木の葉自体を指す。また、「紅葉」は、もともと「紅葉する」という意味の「もみづ」という動詞の名詞形「もみぢ」から生まれたとされ、それがいつしか紅葉の代表ともいえる「楓」という名前の木だけを指すようになったのだ。これが「紅葉」の二つめの意味である。

楓は古語では「かへで」と書き、また『万葉集』では「かへるで」、つまり「蛙の手」と書かれている。楓の葉が蛙の手に似ているためこのような名前がつけられたようだ。昔の人々のユニークな発想がうかがえる。

Writing 09과

내용 확인 문제 2

◉ 다음 본문의 내용에 대한 질문에 답해 보세요.

1 紅葉狩りの「狩り」にはどんな意味がありますか。

→ ______________________________

2 「狩り」が、草花を眺めることにも使われるようになったのはどうしてですか。

→ ______________________________

3 紅葉狩りの期間は何によって決まりますか。

→ ______________________________

4 紅葉前線は何を見ればわかりますか。

→ ______________________________

5 紅葉の動きが単純でない具体的な理由は何ですか。

→ ______________________________

6 昔の人々はどうして「楓」を「かへるで」と言いましたか。

→ ______________________________

花見(벚꽃 구경)

花見는 벚나무 아래에서 친구나 동료, 가족과 함께 벚꽃을 감상하며 맛있는 음식을 먹고 즐기는 일본 전통문화의 하나이다. 벚꽃은 3월 하순부터 4월에 걸쳐 마치 봄의 시작을 축복하듯 일본 열도를 북상하면서 꽃을 피운다.

바람에 눈보라처럼 흩날리며 떨어지는 벚꽃 잎을 「桜吹雪」라 하며, 꽃잎이 전부 떨어진 후 벚나무에 잎사귀가 자라난 것을 「葉桜」라 한다. 그야말로 벚꽃은 일본인들에게 피어도, 떨어져도, 흩날려도 아름답게 느껴지는 꽃이다.

역사적으로 花見는 헤이안시대부터 궁중에서 즐겼던 귀족의 놀이로 알려져 있다. 가마쿠라시대 이후에는 무사들도 벚꽃 명소에서 화려한 의상을 입고 가무를 즐겼으며, 에도시대에는 서민들 사이에서도 유행하게 되었다.

벚꽃이 만개하는 시기가 되면 전국 각지에서 크고 작은 花見祭り가 열린다. 벚꽃나무 아래에 돗자리를 펴고 다정하게 모여 앉아 정성껏 준비한 음식과 술을 내놓고 벚꽃을 감상하며 연회를 즐기는 것이다. 「花より団子」란 속담도 있듯이 花見에서는 먹거리를 빼놓을 수 없는데, 그중에서도 花見弁当는 일본인들에게 가장 사랑받는 메뉴의 하나이다.

벚꽃나무 아래에서 펼쳐먹는 花見弁当는 주로 집어먹기 쉬운 요리를 준비해 가는데, 가장 대표적인 메뉴가 鶏の唐揚げ와 お好み野菜の筑前煮이다. 鶏の唐揚げ는 닭고기에 튀김옷을 입혀 기름으로 튀긴 요리를 말하며, お好み野菜の筑前煮는 닭고기와 당근, 우엉, 연근, 곤약 등을 기름으로 볶은 후 설탕, 미림, 간장 등을 넣고 달콤 짭짤하게 조린 요리이다.

Pattern 09과

핵심 문형

01 ～につれて ～함에 따라

명사나 동사 기본형에 연결되어, 어떤 사태의 발전과 함께 다른 사태로 진전한다고 하는 개략적인 비례관계를 나타내는 표현이다. 문장체의 경우는 「～につれ」라고도 한다.

- 時が経つにつれ「危険を伴う」という意味が弱まった。
- ワインは時間が経つにつれて熟成され、味わいが深くなる。
- 季節が変化するにつれて、着るものが変わる。
- 通勤客が増えるにつれて、バスの本数が増えていく。

02 さらに 더욱더, 다시 한 번, 조금도

정도가 지금보다 심해짐을 나타내는 표현으로 '한층 더, 더욱더, 점점 (더)'란 뜻을 나타낸다. 한 번 더 반복하거나 새로 추가함을 나타내는 표현으로도 쓰여 '새로이, 또 한 번, 거듭'이라는 뜻을 나타내기도 하고, 뒤에 부정어를 수반하여 '조금도, 전혀'의 뜻으로도 사용된다.

- さらには「ぶどう狩り」のように使われるようになった。
- 森はこれからさらに色づきます。
- さらにもう一つ間違いを見つけた。
- 彼女が彼の絵に関心を寄せている様子はさらになかった。

낱말과 표현

ワイン 와인(wine) | 熟成する 숙성하다 | 味わい 풍미 | 変化 변화 | 通勤客 통근하는 승객 | 本数 개수, 대수 | 森 수풀, 삼림 | 様子 낌새, 기색

03 というのも、～からだ　왜냐하면 ~때문이다

이미 이루어진 행위 또는 할 것으로 결정된 행위에 대해서 그렇게 된 이유를 설명하는 데 사용하는 표현이다. 「も」는 그것이 특별한 행위라는 것을 강조하며, 「～からだ」 대신에 「～のだ」를 사용하기도 한다.

- というのも、紅葉狩りの時期は日本列島の地形が関係しているからだ。
- 彼女は昼から夜までアルバイトをしている。というのも、親の仕送りを受けずに大学院を修了しようとしているからだ。
- 優勝した。というのも、監督が良かったからだ。

04 いつしか　어느덧, 어느 사이에

「いつか」를 힘주어 강하게 표현한 것으로 '어느덧, 어느 사이에, 모르는 사이에' 등의 의미를 나타낸다. 문장체적인 표현이며, 문학작품 등에서 많이 사용된다.

- いつしか「楓」という名前の木だけを指すようになったのだ。
- 夏も終わり、いつしか秋になった。
- いつしか世界一のお化け屋敷を作ることを夢見ている。

낱말과 표현

仕送り 생활비나 학비, 그 송금 | 修了する 수료하다 | 優勝する 우승하다 | 監督 감독 | お化け屋敷 도깨비 (나오는) 집 | 夢見る 꿈꾸다

Exercise 09과

기본 연습 문제

1 다음 밑줄 친 단어 중 한자는 히라가나로, 가타카나는 한자로 고쳐 쓰세요.

1 「狩り」は本来、「鷹狩り(たかがり)」のように猛獣を捕えることである。
( )

2 平安時代の貴族(きぞく)の中に狩猟をしない者が現れたからだ。
( )

3 そこでは周辺(しゅうへん)のヒョウコウの低いところよりも早く紅葉が始まる。
( )

4 バンシュウに木の葉が紅(あか)や黄色(きいろ)に色(いろ)づく。
( )

2 다음 { }에 들어갈 표현으로 맞는 것을 (A)와 (B) 중에서 선택하세요.

1 彼は年を取る {(A) につれて / (B) にとって}、ますます有名(ゆうめい)になった。

2 暗くなると、{(A) まさに / (B) さらに} 蚊(か)が出てきた。

3 {(A)決して / (B) いつしか} 悲しみが怒(いか)りに変わった。

4 普通だった女の子が、{(A)ただし / (B)いつしか} 雑誌(ざっし)の表紙(ひょうし)を飾(かざ)れるほど有名になった。

낱말과 표현

ますます 더욱더 | 蚊(か) 모기 | 怒(いか)り 분노 | 雑誌(ざっし) 잡지 | 表紙(ひょうし) 표지 | 飾(かざ)る 장식하다

3 다음 밑줄 친 「さらに」의 의미를 보기에서 골라 기호를 쓰세요.

> 보기 (ㄱ) 새로이　　(ㄴ) 더욱더
> (ㄷ) 조금도

1. これからはさらに難しくなる。 (　　)
2. 気(き)にする様子(ようす)はさらにない。 (　　)
3. 雨がさらに激しくなる。 (　　)
4. さらに三人のメンバーが入って、団員(だんいん)は全部(ぜんぶ)で20人になった。(　　)

4 다음 문장의 ＿★＿ 에 들어갈 알맞은 말을 1, 2, 3, 4 중에서 하나 고르세요.

1. というのもその ＿★＿ ＿＿＿ ＿＿＿ ＿＿＿ からです。

   1 については　　2 購入(こうにゅう)　　3 まだ　　4 交渉中(こうしょうちゅう)だ

2. というのも今まで ＿＿＿ ＿＿＿ ＿★＿ ＿＿＿ からだろう。

   1 信頼(しんらい)されている　　2 デザイナー　　3 実績(じっせき)が　　4 としての

3. ＿＿＿ ＿＿＿ ＿＿＿ ＿★＿ からだ。

   1 彼の　　2 あった　　3 ファイトが　　4 というのも

낱말과 표현

気(き)にする 마음에 두다, 걱정하다 | メンバー 멤버(member) | 団員(だんいん) 단원 | 購入(こうにゅう) 구입 | 交渉中(こうしょうちゅう) 교섭 중 | 信頼(しんらい)する 신뢰하다 | デザイナー 디자이너(designer) | 実績(じっせき) 실적 | ファイト 파이트(fight), 투지

Exercise 09과 심화 연습 문제

次の文章を読んで、後の問いに対する答えとして、最もよいものを１・２・３・４から一つ選びなさい。

日本の秋は、「読書の秋」、「芸術の秋」、「食べ物の秋」、「運動の秋」など、いろんな楽しみ方がある。中でも「運動の秋」は、ダイエットをはじめとする(注1)健康効果が期待される。では、なぜ秋に運動をするといいのだろうか。

人の体は、夏のように外の温度が高いときは、外に出すエネルギーが少ないが、寒い冬は、エネルギーを出して(注2)体温が下がらないようにする。①このような働きを、基礎代謝と呼ぶ。

基礎代謝は高ければ高いほど、エネルギーをたくさん必要とするため、太りにくい体になる。春や夏に比べ、秋という季節は冬に向けてどんどん代謝が高まってくる時期なので、②この時期に運動するとさらに基礎代謝が上がり、やせやすくなるわけだ。

普通、人の体は外が寒くなるにつれて、体にエネルギーを(注3)蓄えようとする。そのためお腹がすいて、さらにいろいろ食べてしまう。しかし、普段から運動をして、基礎代謝を高めている人は食べても太ることはない。というのも、寒くなれば、体温を(注4)保つためエネルギーを多く出すようになるからだ。

つまり、秋に運動をして基礎代謝を高めておくことが、冬に太るか太らないかを決めることになる。秋は美しい紅葉を楽しみながら運動ができる。運動すれば、基礎代謝の高い健康な体になる。基礎代謝が高まれば、秋のおいしい食べ物もたくさん食べられて、まさに(注5)一石三鳥ではないだろうか。

(注1) 健康効果：体に出てくるいい結果

(注2) 体温：体の温度

(注3) 蓄える：後で使えるように大切にとっておく

(注4) 保つ：同じ状態でいられるように守りつづける

(注5) 一石三鳥：「一石二鳥」から。一つのことで、三つのいいことが起こること

1 ①このような働きとあるが、何を指しているか。

1 外の温度によって、外に出すエネルギーを作ること

2 季節によって、外に出すエネルギーが必要になること

3 外の温度によって、体温を上げたり下げたりすること

4 季節によって、体温を保つためエネルギーを蓄えること

2 ②この時期としてふさわしいものはどれか。

1 春から夏

2 夏から秋

3 秋から冬

4 冬から春

3 筆者の考えとして合っているものはどれか。

1 運動の秋は、いろんな所でいろんな楽しみ方がある。

2 運動の秋は、いろんな面でいいことがたくさんある。

3 秋に運動すれば、基礎代謝を高めることができていい。

4 秋に運動すれば、一年中太らない体になるからいい。

10과

和服(わふく) 일본의 전통의상

워밍업 Warming-up

❶「和服」는 주로 언제 입을까요?

❷「和服」에는 어떤 것들이 있을까요?

핵심 표현 key Expression

❶ 現在(げんざい)では和服(わふく)は日本人(にほんじん)であっても特別(とくべつ)なときにしか着(き)ることはない。

❷ 平安時代(へいあんじだい)の風呂(ふろ)は今(いま)と違(ちが)って蒸(む)し風呂(ぶろ)だった。

❸ 温泉旅館(おんせんりょかん)などでは男女(だんじょ)問(と)わず風呂(ふろ)から出(で)た後(あと)に浴衣(ゆかた)を着ることが多(おお)い。

❹ 最近(さいきん)では女性(じょせい)向(む)けにおしゃれな浴衣を出(だ)す所(ところ)も少(すく)なくない。

단어 노트

- 西洋(せいよう) 서양
- 区別(くべつ)する 구별하다
- 立体的(りったいてき) 입체적
- つなげる 매다, 연결하다
- 異(こと)なる 다르다
- 平面的(へいめんてき) 평면적
- 切(き)り捨(す)てる 잘라서 버리다
- 思(おも)い浮(う)かぶ 머리에 떠오르다, 생각나다
- 新郎(しんろう)、新婦(しんぷ) 신랑, 신부
- 振袖(ふりそで) 긴 소매의 일본 옷, 주로 미혼 여성의 예복
- レンタル 렌털(rental), 임대
- 旅館(りょかん) 여관
- 仲居(なかい) 요릿집이나 유곽에서 손님을 응대하는 하녀
- 披露(ひろう)する 피로하다, 선보이다
- 芸者(げいしゃ) 기생
- 例外(れいがい) 예외
- 起源(きげん) 기원
- 蒸(む)し風呂(ぶろ) 한증탕, 한증막
- 水蒸気(すいじょうき) 수증기
- やけどする 화상을 입다
- ますます 점점
- 庶民(しょみん) 서민
- 男女問(だんじょと)わず 남녀를 불문하고
- 上着(うわぎ) 겉옷, 상의
- ～向(む)けに ~용으로, ~을 위하여
- おしゃれだ 멋을 내다
- 汗(あせ)を吸(す)う 땀을 빨아들이다
- 風通(かぜとお)しがよい 통풍이 잘 되다
- 珍(めずら)しい 드물다, 진귀하다
- 胸元(むなもと) 가슴 언저리, 가슴 부근
- 襟元(えりもと) 목 언저리
- 縁起(えんぎ)が悪(わる)い 재수가 나쁘다
- 着(き)せる 입히다

Reading 10과

본문 읽기 1-1

和服

Track 10-01

「着物」といえば、現代では「和服」と呼ばれる日本の伝統的な衣服を指すことが一般的だ。明治になってから西洋から入ってきた服を「洋服」とし、日本の伝統衣服はそれと区別するため「和服」と呼ぶようになった。

布を立体的につなげて作る洋服とは異なり、和服の特徴は平面的な作りにある。着物は普通一枚の長い布を八枚に切って作るが、布は切り捨てず全て使うので経済的である。また、寒いときはこれを重ねて着たり、暑いときは薄着ができるため、便利である。

しかし、現在では和服は日本人であっても特別なときにしか着ることはない。和服と聞いて思い浮かぶのは、まず結婚式だ。新郎は紋付きの羽織に袴をはいて、新婦は振袖を着る。ただ和服は買うと値段が高いため、結婚式、成人式や卒業式で着る和服は、レンタルの物を着ることが多くなっている。

また、日本の伝統文化と関係のある職業では、和服で働く人が多い。例えば、日本の旅館で働く女性たちは「①仲居」と呼ばれ、和服姿で旅館に着いたばかりの客を部屋に案内したり、料理を出したりする。また、宴会で伝統的な歌や踊りを披露したり、お酒の相手をしたりする「芸者」も和服を着ている。このように特別な儀式や特別な職業以外ではほとんど着られなくなってしまった和服だが、「浴衣」だけは例外かもしれない。

Writing 10과

내용 확인 문제 1-1

1 '和服(わふく)'와 비슷한 말을 찾아 써 보세요.

→ ______________________________

2 '和服'와 비교가 되는 말을 찾아 써 보세요.

→ ______________________________

3 '和服'를 입을 때와 관련이 없는 것을 다음 ①~④에서 하나 고르세요.

① 結婚式　② 成人式　③ 卒業式　④ 旅館の儀式

4 '①仲居(なかい)'가 하는 일을 구체적으로 찾아 써 보세요.

→ ______________________________

핵심 포인트

오늘날 着物(きもの)라고 하면 和服(わふく)라고 불리는 일본 전통 의상을 가리키는데, 원래 이것은 무엇을 가리키는 말이며, 어떤 특징을 지니고 있는지, 또 이것은 주로 언제 입으며, 어떤 직업에 종사하는 여성들이 주로 입는지 등의 정보를 파악해 보면 내용을 쉽게 이해할 수 있다.

Reading 10과

본문 읽기 1-2

Track 10-02

①浴衣の起源は平安時代、貴族が風呂に入るときに着た「湯かたびら」という着物とされる。平安時代の風呂は今と違って蒸し風呂だったため、水蒸気でやけどしないように湯かたびらを着て入ったのだ。後に、この「湯かたびら」を短く「ゆかた」と呼ぶようになったのである。

江戸時代後期になって風呂文化が発達すると、浴衣はますます庶民に広まっていった。②この頃、浴衣は風呂に入った後に着るようになり、それまでとは違って、外に出かけるときにも着るようになった。

現在でも温泉旅館などでは男女問わず風呂から出た後に浴衣を着ることが多い。旅館の浴衣は普通寝るときに着るものなので、部屋を出るときは浴衣の上に「はんてん」と呼ばれる上着を着たりする。最近では女性向けにおしゃれな浴衣を出す所も少なくない。

浴衣は汗を吸い、風通しがよいため、夏に着る。普段は着物を着ることがなくても、夏になると祭りや花火大会などに、大人や子どもが浴衣を着て出かけることが多く、浴衣姿のカップルも珍しくない。

浴衣は普通の和服より値段も安く、着るのも比較的簡単である。浴衣を着るときに注意したいのは、左側が必ず上になるように着ることだ。浴衣以外の着物でも同じように左側が上になるように着る。自分の右手が胸元に入るように、相手側から見て自分の襟元がカタカナの「ソ」の字になっていればよい。

③これが反対になっていると、縁起が悪いとされる。着物は普通左を上にして着るが、死んだ人にはこれを右が上になるように着せるためである。

Writing 10과

내용 확인 문제 1-2

1 '①浴衣'의 어원이 된 말을 찾아 써 보세요.

→ ______________________

2 '②この頃'가 가리키는 말을 찾아 써 보세요.

→ ______________________

3 '浴衣'의 설명으로 맞는 것을 다음 ①~④에서 하나 고르세요.

① 浴衣は寒い冬に着る和服である。

② 浴衣は比較的値段が安いほうだ。

③ 浴衣は右が上になるように着る。

④ 浴衣は他の和服より着るのが難しい。

4 '③これ'가 가리키는 말을 찾아 써 보세요.

→ ______________________

핵심 포인트

浴衣(ゆかた)란 헤이안시대 귀족들이 목욕할 때 입었던 湯(ゆ)かたびら에서 유래된 것인데, 에도시대에는 이것이 어떠한 용도로 변했는지, 그리고 오늘날에는 주로 언제 입고, 이것을 입을 때 주의할 점은 무엇인지 등의 정보를 파악해 보면 내용을 쉽게 이해할 수 있다.

和服

Track 10-03

「着物」といえば、現代では「和服」と呼ばれる日本の伝統的な衣服を指すことが一般的だ。明治になってから西洋から入ってきた服を「洋服」とし、日本の伝統衣服はそれと区別するため「和服」と呼ぶようになった。

布を立体的につなげて作る洋服とは異なり、和服の特徴は平面的な作りにある。着物は普通一枚の長い布を八枚に切って作るが、布は切り捨てず全て使うので経済的である。また、寒いときはこれを重ねて着たり、暑いときは薄着ができるため、便利である。

しかし、現在では和服は日本人であっても特別なときにしか着ることはない。和服と聞いて思い浮かぶのは、まず結婚式だ。新郎は紋付きの羽織に袴をはいて、新婦は振袖を着る。ただ和服は買うと値段が高いため、結婚式、成人式や卒業式で着る和服は、レンタルの物を着ることが多くなっている。

また、日本の伝統文化と関係のある職業では、和服で働く人が多い。例えば、日本の旅館で働く女性たちは「仲居」と呼ばれ、和服姿で旅館に着いたばかりの客を部屋に案内したり、料理を出したりする。また、宴会で伝統的な歌や踊りを披露したり、お酒の相手をしたりする「芸者」も和服を着ている。このように特別な儀式や特別な職業以外ではほとんど着られなくなってしまった和服だが、「浴衣」だけは例外かもしれない。

浴衣の起源は平安時代、貴族が風呂に入るときに着た「湯かたびら」という着物とされる。平安時代の風呂は今と違って蒸し風呂だったため、水蒸気でやけどしないように湯かたびらを着て入ったのだ。後に、この「湯かたびら」を短く「ゆかた」と呼ぶようになったのである。

江戸時代後期になって風呂文化が発達すると、浴衣はますます庶民に広まっていった。この頃、浴衣は風呂に入った後に着るようになり、それまでとは違って、外に出かけるときにも着るようになった。

現在でも温泉旅館などでは男女問わず風呂から出た後に浴衣を着ることが多い。旅館の浴衣は普通寝るときに着るものなので、部屋を出るときは浴衣の上に「はんてん」と呼ばれる上着を着たりする。最近では女性向けにおしゃれな浴衣を出す所も少なくない。

浴衣は汗を吸い、風通しがよいため、夏に着る。普段は着物を着ることがなくても、夏になると祭りや花火大会などに、大人や子どもが浴衣を着て出かけることが多く、浴衣姿のカップルも珍しくない。

浴衣は普通の和服より値段も安く、着るのも比較的簡単である。浴衣を着るときに注意したいのは、左側が必ず上になるように着ることだ。浴衣以外の着物でも同じように左側が上になるように着る。自分の右手が胸元に入るように、相手側から見て自分の襟元がカタカナの「ソ」の字になっていればよい。

これが反対になっていると、縁起が悪いとされる。着物は普通左を上にして着るが、死んだ人にはこれを右が上になるように着せるためである。

Writing 10과

내용 확인 문제 2

◉ 다음 본문의 내용에 대한 질문에 답해 보세요.

1 和服の平面的な作りが経済的な理由は何ですか。

→ ______________________________

2 結婚式に、新郎と新婦はどんな和服を着ますか。

→ ______________________________

3 レンタルの着物を着る人が多いのはどうしてですか。

→ ______________________________

4 平安時代、「湯かたびら」を着て風呂に入ったのはどうしてですか。

→ ______________________________

5 夏になると、浴衣を着てどこに出かける人が多いですか。

→ ______________________________

6 着物を着るとき、右側が上になってはいけない理由は何ですか。

→ ______________________________

쉬어 가기

結婚式(결혼식)

일본은 한국과 달리 결혼식을 위한 예식장은 흔하지 않다. 개인의 취향에 따라 호텔이나 교회 및 성당, 또는 신사에서 식을 올린다. 먼저, 호텔에서 결혼식을 올릴 경우에는 따로 피로연 장소를 정하지 않고 결혼식과 함께 거행되며, 초대된 하객들은 호텔 코스요리를 느긋하게 마음껏 즐기면서 두 사람을 축하해 준다. 다음으로 교회나 성당에서 결혼식을 올릴 때는 신랑, 신부가 모두 크리스천일 경우이지만, 종교와 관계없이 교회에서 결혼식을 올리는 경우도 많다. 마지막으로 가장 일본다운 결혼식은 신사에서 열리는 신도식 결혼식이다. 결혼 당일에 신랑, 신부는 자신의 조상신이 있는 절이나 신사에 각자 참배를 한다. 신도식 결혼식에는 신랑과 신부, 중매인 부부, 가족 및 친족만이 참석하여 엄숙하게 행해진다.

결혼식이 끝나면 곧바로 피로연장으로 자리를 옮긴다. 한국과 달리 피로연장은 참석자들의 자리가 정해져 있기 때문에 초대장을 받은 사람은 반드시 참석 여부를 알려주어야 한다. 결혼식 피로연은 3시간에서 4시간 정도 걸리며 피로연이 끝나면 신랑 신부가 직접 손님들을 배웅하며 「引出物(ひきでもの)」라는 답례품을 나누어 주는데, 차나 과자, 그릇, 시계 등이 일반적이나 나중에 카탈로그를 보고 원하는 물품을 주문할 수도 있다고 한다. 引出物는 결혼식에 따라 천차만별이지만, 2~3만 엔 정도가 일반적이라고 한다.

축의금은 「のし袋(ぶくろ)」라고 하는 봉투를 사용하며, 금액은 3만 엔이나 5만 엔이 많고 친척이나 매우 친한 사이에는 10만 엔을 하는 경우도 있다. 금액은 짝수가 아닌 홀수로 하는 것이 보통이지만, 짝수 중에는「八」자의 끝이 벌어질수록 복이 들어온다고 하여 8만 엔, 두 명분이라는 이유로 5만 엔씩 10만 엔은 괜찮다고 한다.

핵심 문형

01 ～しか～ない ～밖에 ～없다(않다)

부정표현과 함께 쓰이며 하나의 사실만을 내세우고, 다른 것을 배제하는 데 사용하는 표현이다. 「だけ」와 함께 사용하여 한정내용을 더욱 주관적으로 강조하기도 한다.

- 現在では和服は日本人であっても特別なときにしか着ることはない。
- その事を知っているのは彼しかいない。
- この販売機は百円硬貨しか使えない。
- 会場には本人だけしか入れない。

02 ～と違って ～과 달리

다른 성질을 갖는 것을 비교하여 서술할 경우에 사용하는 표현이다. '～과 달리'라는 의미를 나타내며, 「～と違い」의 형태로 쓰이는 경우도 있다.

- 平安時代の風呂は今と違って蒸し風呂だった。
- 彼女は私と違って前向きで力強い。
- しかし、見かけと違い、味は意外とあっさりしている。
- 焼酎は、日本酒とは違い、蒸留酒である。

낱말과 표현

販売機 판매기 | 硬貨 경화 | 会場 회장 | 本人 본인 | 蒸し風呂 한증탕, 한증막 | 前向き 사고방식이 발전적, 적극적임 | 力強い 힘차다 | 焼酎 소주 | 蒸留酒 증류주(소주 · 위스키 따위)

03 ～(を)問わず ～을 불문하고, ～에 관계없이

명사에 연결되어 '그것에 관계없이, 그것을 문제로 하지 않고'라는 의미를 나타낸다. 「昼夜, 男女」 등 쌍을 이룬 명사가 사용되는 경우가 많다. 「～は問わず」의 형태로 쓰이는 경우도 있다.

- 温泉旅館などでは男女問わず風呂から出た後に浴衣を着ることが多い。
- 試合は晴雨を問わず行われます。
- 彼は老若男女を問わず人気だ。
- 学歴、経験は問わず、やる気のある社員を募集します。

04 ～向けに ～대상으로, ～용으로

명사에 연결되어 「～向けに」의 형태로 '～을 대상으로, ～용으로, ～에 적합하도록'이라는 의미를 나타낸다. 「～向けの」의 형태로 명사를 수식하고, 「～向けだ」의 형태로 술어로도 사용된다.

- 最近では女性向けにおしゃれな浴衣を出す所も少なくない。
- 幼児向けに作られたぬいぐるみが怖すぎる。
- 新入生向けのオリエンテーションを行う。
- ここにある軽量のクリスマスカードはみんな海外向けだ。

낱말과 표현

試合 시합, 경기 | 晴雨 청우, 날이 갬과 비가 옴 | 老若男女 남녀노소 | 学歴 학력 | 経験 경험 | やる気 하고자 하는 마음 | 募集する 모집하다 | 幼児 유아 | ぬいぐるみ 봉제 인형 | オリエンテーション 오리엔테이션(orientation) | クリスマスカード 크리스마스 카드(Christmas card) | 軽量 경량

Exercise 10과

기본 연습 문제

1 다음 밑줄 친 단어 중 한자는 히라가나로, 가타카나는 한자로 고쳐 쓰세요.

1 和服の特徴は平面的な作りにある。 (　　　　　　)

2 お酒の相手(あいて)をしたりする「芸者」も和服(わふく)を着ている。

(　　　　　　)

3 スイジョウキでやけどしないように湯かたびらを着て入ったのだ。

(　　　　　　)

4 浴衣(ゆかた)の上に「はんてん」と呼ばれるウワギを着たりする。

(　　　　　　)

2 다음 {　}에 들어갈 표현으로 맞는 것을 (A)와 (B) 중에서 선택하세요.

1 今、1,000円{(A) しか / (B) まま} 持っていません。

2 私には読書(どくしょ)ぐらい {(A) しか / (B) だけ} 趣味(しゅみ)がない。

3 パーティーに来る人は8人{(A) まま / (B) だけ} しかいないんです。

4 あなた {(A) だけ / (B)決して} しか愛(あい)せない。

낱말과 표현

読書(どくしょ) 독서 | 趣味(しゅみ) 취미

3 다음 (   ) 안에 들어갈 알맞은 말을 〈보기〉에서 골라 문장을 완성하세요.

보기 と違(ちが)って　向(む)けに　問(と)わず

1 野球(やきゅう)は、ゴルフ(　　　　　　)チームスポーツである。

2 この会には年齢(ねんれい)、性別(せいべつ)は(　　　　　　)、いろいろな人を集めたいのです。

3 アメリカ(　　　　　　)輸出(ゆしゅつ)する車は年々(ねんねん)減ってきている。

4 다음 문장의 ___★___ 에 들어갈 알맞은 말을 1, 2, 3, 4 중에서 하나 고르세요.

1 高齢者(こうれいしゃ) ______ ______ ______ ___★___ 住宅が開発(かいはつ)されている。

1 住みやすさを　2 向けに　3 安全(あんぜん)や　4 考えた

2 あちらに ______ ___★___ ______ ______ あります。

1 向けの　2 外国人　3 用意(ようい)して　4 パンフレットが

3 この本はもともと ______ ______ ___★___ ______ いる。

1 子ども　2 読まれて　3 大人にも　4 向けだが

낱말과 표현

チームスポーツ 팀 스포츠(team sports) | 性別(せいべつ) 성별 | 輸出(ゆしゅつ) 수출 | 年々(ねんねん) 해마다 | 高齢者(こうれいしゃ) 고령자 | 住宅(じゅうたく) 주택 | 開発(かいはつ) 개발 | 安全(あんぜん) 안전 | パンフレット 팸플릿(pamphlet), 소책자 | 用意(ようい)する 준비하다

Exercise 10과

심화 연습 문제

次の文章を読んで、後の問いに対する答えとして、最もよいものを１・２・３・４から一つ選びなさい。

振袖とは袖が長い着物のことで、江戸時代に現在の形になり、明治時代(注1)以降に①結婚していない女性の(注2)正装として着られるようになった。振袖という名前はその名のとおり「長い袖を(注3)振る」ことに由来している。

昔は振ることには、神を呼んだり、逆に悪いものを追い払う力があると考えられていた。それで、神社で働く女性たちは長い袖の着物を着るようになったという。

このように袖を振ることは、やがて②人に対しても行われるようになった。例えば、昔は男性に好きだと言われたときに、女性が言葉で返事するのは良くないとされた。それで、愛する男性に気持ちを伝えるために、袖を振るようになったのである。

現在でも、異性に好きだと言われて(注4)断ることを「振る」、断られることを「振られる」というのは、この振袖に関係している。振袖は気持ちを相手に伝えるために、袖の長さがどんどん長くなり、江戸時代にはより美しく見えるように豪華なものになっていった。

そして、素敵な男性と結婚すると、もうこれ以上袖を振る必要がなくなるので、長い袖を短く切って着る風習が生まれた。しかし、「切る」という言葉が「夫婦の関係を終わらせる」という意味に結びつくため、「袖を切る」ではなく、「袖を(注5)留める」と呼ぶようになった。これが、「振袖」に変わって結婚した女性が着る「③留袖」の始まりである。

(注1) 以降：その後ずっと

(注2) 正装：式などに出るために着る正式の服

(注3) 振る：上下または左右に何度も動かす

(注4) 断る：相手の頼みにだめだという

(注5) 留める：同じところから動かないようにする

1 ①結婚していない女性の正装として着られるようになったのは何か。

1 振袖　2 留袖　3 着物　4 晴れ着

2 ②人に対しても行われるようになったとはどういうことか。

1 着物の袖を振ること

2 気持ちを伝えること

3 悪いものを追い払うこと

4 長い袖の着物を着ること

3 ③留袖の説明として正しいものはどれか。

1 留袖は振袖の袖をなくした着物に由来している。

2 留袖は振袖の袖を短くした着物に由来している。

3 留袖を着る女性は異性に袖を振ってはいけない。

4 留袖を着る女性は異性に好きだと言ってはいけない。

11과

祭り 축제

워밍업 Warming-up

❶ 일본의「祭り」하면 무엇이 떠오르나요?

❷「祭り」의 매력은 무엇이라고 생각하나요?

핵심 표현 key Expression

❶ 祭りは昔から春、夏、秋　冬、一年を通して全国各地で行われてきた。

❷ これに加え、「ひな祭り」や「七夕祭り」のように節句の祭りもある。

❸ 祭りは時代とともに宗教的な意味から徐々に変わってきている。

❹ 忘れがちな人と人のつながりの大切さを思い出させてくれる。

단어 노트

- もてなす 대접하다, 환대하다
- 宗教的(しゅうきょうてき) 종교적
- 踊り(おどり) 춤
- 楽しませる(たのしませる) 즐겁게 하다
- 箱(はこ) 상자
- 担ぐ(かつぐ) 메다, 짊어지다
- 追い払う(おいはらう) 쫓아버리다, 내쫓다
- ～を通して(とおして) ~내내
- 農村(のうそん) 농촌
- 台風(たいふう) 태풍
- 流行する(りゅうこうする) 유행하다
- 怒り(いかり) 분노, 노여움
- 盆踊り(ぼんおどり) 음력 7월 15일 밤에 사람들이 모여서 추는 춤
- 心(こころ)がうきうきする 마음이 들뜨다
- 夢中(むちゅう)になる 열중하다
- たこ焼き(やき) 다코야키
- かき氷(ごおり) 빙수, 팥빙수
- うすい 얇다
- すくう 떠내다, 건지다
- コルク弾(だん) 코르크 마개 탄(총알)
- 打ち落とす(うちおとす) 쏘아 떨어뜨리다
- 文化祭(ぶんかさい) 문화제
- 体育祭(たいいくさい) 체육대회
- 学校行事(がっこうぎょうじ) 학교 행사
- エアコン 「エアーコンディショナー」의 준말, 에어컨
- 商業的(しょうぎょうてき) 상업적
- 発展する(はってんする) 발전하다
- 町(まち)おこし 지역(마을) 활성화
- 観光(かんこう)アピール 관광 어필(appeal)
- 忘れがち(わすれがち) 잊어버리기 쉬움
- つながり 연계, 이어짐
- 思い出す(おもいだす) 상기하다, 생각해 내다

Reading 11과 본문 읽기 1-1

祭(まつ)り

Track 11-01

日本において①祭りとは、もともと神を地域の神社や寺に招き、もてなし、そして送り出すという宗教的な行事であった。神社や寺では招いた神をおいしい食べ物や酒でもてなし、また歌や踊りなどで神を楽しませた。

祭りでは、人々が「②神輿(みこし)」と呼ばれる四角い箱を担いで歩く。神輿とは神が乗る乗り物で、神は神輿に乗って地域を回りながら、悪い病気を追い払ったり、人々の願いを聞いてくれると信じられている。

このような祭りは昔から春、夏、秋、冬、一年を通して全国各地で行われてきた。特に③農村地域では、春祭りに神を招き、米や野菜がたくさん取れるように一年の実りを祈った。そして、夏祭りでは雨や台風から米や野菜を守るように祈り、秋には一年の実りに対して神に感謝する祭りが行われた。

昔は夏に悪い病気が流行することが多く、人々は④これを神の怒りによるものだと信じていた。そこで祭りを通して悪い病気を追い払い、みんなの健康を祈ったのだ。また、日本には古くから盆に死んだ家族や先祖(せんぞ)の霊(れい)を地域や家に招き、もてなし、送り出すという慣わしがあるため、この時期に盆祭りを開く所が多い。

冬には、新年に年神を迎えるための祭りを開いて一年の幸せと健康を祈り、節分の日には鬼を追い払うため豆を撒く祭りが各地で行われる。これに加え、「雛祭り」や「七夕祭り」のように節句の祭りもあるため、日本では一年中、実にたくさんの祭りが行われていることになる。

Writing 11과

내용 확인 문제 1-1

1 '①祭り(まつり)'는 어떤 행사인지 찾아 써 보세요.

→ ______________________

2 '②神輿(みこし)'는 무엇인지 찾아 써 보세요.

→ ______________________

3 '③農村地域'의 축제와 관련이 없는 것을 다음 ①~④에서 하나 고르세요.

① 春、米や野菜がたくさん取れるように祈る祭り

② 夏、雨や台風から米や野菜を守るように祈る祭り

③ 秋、一年の実りに感謝する祭り

④ 冬、一年の幸せに感謝する祭り

4 '④これ'가 가리키는 것을 찾아 써 보세요.

→ ______________________

핵심 포인트

일본의 祭(まつ)り는 봄, 여름, 가을, 겨울 1년 내내 전국 각지에서 열린다. 원래 이 祭り는 어떤 행사에서 출발하였고, 祭り 때 신이 타는 乗(の)り物(もの)를 무엇이라 부르는지, 또 계절마다 행해지는 祭り 때는 각각 무엇을 기원하는지 등의 정보를 파악해 보면 내용을 쉽게 이해할 수 있다.

Reading 11과 본문 읽기 1-2

Track 11-02

そんな数多い祭りの中で、特に盆の時期に行われる夏祭りは、学校の夏休みや会社の休みの時期と重なるため、全国各地で行われて大変にぎやかである。

夏祭りには、普通浴衣を着て盆踊りに行ったり、花火大会を見物したりする。現代の日本では着物を着ることがほとんどなくなってしまったが、①こういう日に浴衣を着て出かけるのは何だか特別な気持ちになり、心がうきうきするものである。

また祭りでは、「②縁日」と呼ばれる日に神社や寺の前にさまざまな屋台が並び、子どもから大人まで時間を忘れて夢中になる。縁日の屋台では「たこ焼き」や「かき氷」などの食べ物が人気だったり、うすい紙で金魚をすくって取る「金魚すくい」やコルク弾で人形を打ち落とす「コルク射的」などのゲームも人気だ。

このような四季の祭り以外にも「③祭り」という言葉は広く使われている。例えば、文化祭や体育祭などの学校行事やエアコン祭りなどの商業的なイベントがそうだ。また「祭り」という言葉は、雪祭りや温泉祭りなど地域の経済や文化を発展させる町おこしや観光アピールなどにも使われる。

祭りは時代とともに宗教的な意味から徐々に変わってきているが、現代の日本人にとって忘れがちな人と人のつながりの大切さを思い出させてくれる点はこれからもずっと変わらないだろう。

Writing 11과

내용 확인 문제 1-2

1 '①こういう日'가 가리키는 것을 찾아 써 보세요.

→ ______________________________

2 '②縁日(えんにち)' 날에 파는 음식을 두 개 찾아 써 보세요.

→ ______________________________

3 '②縁日' 날에 볼 수 있는 놀이를 두 개 찾아 써 보세요.

→ ______________________________

4 '③祭り'의 설명과 가장 어울리는 것을 다음 ①~④에서 하나 고르세요.

① 「札幌(さっぽろ)雪祭り」という商業的なイベント

② 「東(ひがし)高校文化祭」という町おこしのイベント

③ 「夏エアコン祭り」という学校行事のイベント

④ 「別府(べっぷ)温泉祭り」という観光アピールのイベント

핵심 포인트

여름 축제는 盆(ぼん) 시기에 열리는데, 무엇 때문에 전국 각지에서 행해지고 매우 번화한지, 縁日(えんにち) 날의 屋台(やたい)에서 인기 있는 음식과 게임은 무엇인지, 그리고 祭(まつ)り라는 말은 四季(しき)の祭り 외에 어떤 경우에도 사용되는지 등의 정보를 파악해 보면 내용을 쉽게 이해할 수 있다.

Reading 11과

본문 읽기 2

祭り

Track 11-03

日本において祭りとは、もともと神を地域の神社や寺に招き、もてなし、そして送り出すという宗教的な行事であった。神社や寺では招いた神をおいしい食べ物や酒でもてなし、また歌や踊りなどで神を楽しませた。

祭りでは、人々が「神輿」と呼ばれる四角い箱を担いで歩く。神輿とは神が乗る乗り物で、神は神輿に乗って地域を回りながら、悪い病気を追い払ったり、人々の願いを聞いてくれると信じられている。

このような祭りは昔から春、夏、秋、冬、一年を通して全国各地で行われてきた。特に農村地域では、春祭りに神を招き、米や野菜がたくさん取れるように一年の実りを祈った。そして、夏祭りでは雨や台風から米や野菜を守るように祈り、秋には一年の実りに対して神に感謝する祭りが行われた。

昔は夏に悪い病気が流行することが多く、人々はこれを神の怒りによるものだと信じていた。そこで祭りを通して悪い病気を追い払い、みんなの健康を祈ったのだ。また、日本には古くから盆に死んだ家族や先祖の霊を地域や家に招き、もてなし、送り出すという慣わしがあるため、この時期に盆祭りを開く所が多い。

冬には、新年に年神を迎えるための祭りを開いて一年の幸せと健康を祈り、節分の日には鬼を追い払うため豆を撒く祭りが各地で行われる。これに加え、「雛祭り」や「七夕祭り」のように節句の祭りもあるため、日本では一年中、実にたくさんの祭りが行われていることになる。

そんな数多い祭りの中で、特に盆の時期に行われる夏祭りは、学校の夏休みや会社の休みの時期と重なるため、全国各地で行われて大変にぎやかである。

夏祭りには、普通浴衣を着て盆踊りに行ったり、花火大会を見物したりする。現代の日本では着物を着ることがほとんどなくなってしまったが、こういう日に浴衣を着て出かけるのは何だか特別な気持ちになり、心がうきうきするものである。

また祭りでは、「縁日」と呼ばれる日に神社や寺の前にさまざまな屋台が並び、子どもから大人まで時間を忘れて夢中になる。縁日の屋台では「たこ焼き」や「かき氷」などの食べ物が人気だったり、うすい紙で金魚をすくって取る「金魚すくい」やコルク弾で人形を打ち落とす「コルク射的」などのゲームも人気だ。

このような四季の祭り以外にも「祭り」という言葉は広く使われている。例えば、文化祭や体育祭などの学校行事やエアコン祭りなどの商業的なイベントがそうだ。また「祭り」という言葉は、雪祭りや温泉祭りなど地域の経済や文化を発展させる町おこしや観光アピールなどにも使われる。

祭りは時代とともに宗教的な意味から徐々に変わってきているが、現代の日本人にとって忘れがちな人と人のつながりの大切さを思い出させてくれる点はこれからもずっと変わらないだろう。

Writing 11 과

내용 확인 문제 2

◉ 다음 본문의 내용에 대한 질문에 답해 보세요.

1 祭りに人々は神を招いて何をしますか。

→ ______________________________

2 神は神輿に乗って地域を回りながら何をしますか。

→ ______________________________

3 秋の祭りにはどんな意味がありますか。

→ ______________________________

4 盆の祭りはどうしてにぎやかですか。

→ ______________________________

5 地域の「雪祭り」などはどんな理由で行われますか。

→ ______________________________

6 祭りは日本人にどんな大切さを思い出させてくれますか。

→ ______________________________

쉬어가기

だんじり祭(단지리축제)

だんじり祭는 300년의 전통을 자랑하는 일본 최고의 祭り로, 1703년 岸和田의 영주인 岡部長泰가 풍년을 기원하며 행한 稲荷祭り가 그 기원이다. 축제 날 성내를 개방하여 だんじり(축제 때 끌고 다니는 장식을 한 수레)를 끌어들여 성주의 면전에서 갖가지 재주를 자랑하는 것이 마을 사람들의 즐거움이었으며 이것이 마을의 화목과 단결의 기회가 되었다고 한다.

축제에서 사용되는 だんじり는 무게가 4톤, 높이가 3.8m, 길이가 4m, 폭이 2.5m로 전부 느티나무로 되어 있으며 전면에 「彫り物」 라고 하는 조각이 새겨져 있는데, 단순한 조각이 아니라 못을 전혀 사용하지 않고 인물의 표정까지 생생하게 표현해 낸 예술 작품이다. 하나의 가격이 10억 원에 달한다고 하는데 이 비용을 주민들이 모금을 해서 준비한다고 한다.

앞에서 끄는 로프의 길이는 100~200m, 끄는 사람만 1000 여 명에 이른다. だんじり가 힘차게 교차점을 직각으로 돌며 일순간에 방향을 바꾸는 やりまわし와 큰 지붕에서 리드미컬하게 춤추며 한발로 서서 비행기타기를 하는 大工方는 だんじり祭의 하이라이트이다. 재미있는 것은 다른 지역에서는 だんじり의 한자를 「山車」 로 표기하는 데 반해서 정작 축제가 열리고 있는 岸和田 사람들은 「地車」 로 표기한다고 한다.

Pattern 11 과

핵심 문형

01 ～を通して ～내내, ～을 통해서

시간을 나타내는 명사에 연결되어 계속적인 기간을 나타내며, '～을 통틀어서, ～내내'라는 뜻으로 사용한다. 그 외의 것에 접속될 경우에는 수단·매개를 나타내며, '～을 통해서'라는 뜻으로 사용한다.

- 祭りは昔から春、夏、秋、冬、一年を通して全国各地で行われてきた。
- この辺りは四季を通して多くの人でにぎわっている。
- 私はこの授業を通して日本語の文章能力を向上させたいです。
- 相撲は直接見るのとブラウン管を通して見るのとでは迫力が全く違う。

02 ～に加えて ～에 더해서, ～외에

어떤 일이 그것만으로 끝나지 않고, 그 위에 다른 일이 부가된다고 말하고자 할 때 쓰는 표현이다. '～에 더해서, ～외에, ～와 함께'라는 뜻으로, 조금 딱딱한 표현이다. 문장체에서는 「**～に加え**」라고도 한다.

- これに加え、「ひな祭り」や「七夕祭り」のように節句の祭りもある。
- 東京では激しい雨に加えて、ひょうも降りました。
- 月額会員はアプリ使い放題に加えて、さまざまなサービスが楽しめます。

낱말과 표현

辺り 근처 | 四季 사계, 사철 | にぎわう 북적이다 | 文章能力 문장 능력 | 向上する 향상하다 | 相撲 스모 | ブラウン管 브라운관 | 迫力 박력 | ひょう 우박 | 月額会員 월정액 회원 | アプリ使い放題 앱 무제한 사용

03 ～とともに ～와 함께, ～에 따라서, ～와 동시에

「～とともに」는 문맥에 따라서 1) '～와 함께, ～와 공동으로, ～와 협력해서', 2) '～에 따라서', 3) '～하자마자, ～과 동시에'라는 세 가지 의미로 사용한다.

- 祭りは時代とともに宗教的な意味から徐々に変わってきている。
- 妻とともに幸せな人生を歩んでいきたいと思います。
- 自動車が普及するとともに、交通事故も増えてきた。
- 私は大学を卒業するとともに結婚した。

04 ～がち 자주 ～하다, ～하기 십상이다

명사나 동사의 ます형에 연결되어 '～하는 경향이 두드러지다, ～의 비율이나 횟수가 많다'라는 뜻을 나타내는 표현이며, 주로 좋지 않은 경향에 사용한다.

- 忘れがちな人と人のつながりの大切さを思い出させてくれる。
- 彼女は病気がちで青白い顔をしている。
- 花粉症といえば春や秋のものと思われがちですが、実は6月や7月も花粉症が出やすい時期なのです。

낱말과 표현

妻 아내 | 歩む 걷다, (한 발짝씩) 전진하다 | 普及する 보급되다 | 交通事故 교통사고 | 青白い 창백하다 | 花粉症 화분증

Exercise 11과

기본 연습 문제

1 다음 밑줄 친 단어 중 한자는 히라가나로, 가타카나는 한자로 고쳐 쓰세요.

1 「祭り」とは、もともと宗教的な行事であった。

( )

2 夏祭りでは雨や台風から米や野菜を守(まも)るように祈(いの)る。

( )

3 地域(ちいき)の経済(けいざい)や文化(ぶんか)をハッテンさせる。 ( )

4 「町おこし」やカンコウアピールなどにも広く使われている。

( )

2 다음은 「～を通(とお)して」의 의미용법을 보기에서 골라 기호를 쓰세요.

보기 (ㄱ)계속적인 기간　(ㄴ)수단 · 매개

1 インターネットを通して、世界各地(せかいかくち)から情報(じょうほう)を得(え)ることができる。

( )

2 彼は一生(いっしょう)を通して、日本との友好(ゆうこう)のために働いた。 ( )

3 私はボランティア活動(かつどう)を通して、たくさんのいい経験(けいけん)をしている。

( )

4 この地方(ちほう)は1年を通して雨が多い。 ( )

낱말과 표현

情報(じょうほう) 정보 | 得(え)る 획득하다 | 一生(いっしょう) 일생, 평생 | 友好(ゆうこう) 우호 | ボランティア活動(かつどう) 자원봉사 활동 | 地方(ちほう) 지방

3 다음 {　　}에 들어갈 표현으로 맞는 것을 (A)와 (B) 중에서 선택하세요.

1. 経済成長(けいざいせいちょう){(A)とともに / (B)といっても}、国民の生活も豊(ゆた)かになった。
2. 大阪は東京{(A)とともに / (B)に加えて}日本経済の中心地(ちゅうしんち)である。
3. 私たちはバーベキュー{(A)につれて / (B)に加えて}海水浴(かいすいよく)もしました。
4. 中村さんは英語{(A)にとって / (B)に加えて}、ドイツ語も流暢(りゅうちょう)に話せる。

4 다음 (　　) 안의 동사를 알맞은 형태로 바꾸어 빈칸에 써 넣으세요.

1. 睡眠(すいみん)が健康(けんこう)の鍵(かぎ)であることを__________がちだ。(忘れる)
2. 恋(こい)のかけひきには嘘(うそ)が_________がちだ。(ある)
3. 心の弱い人は悲観的(ひかんてき)に_________がちだ。(なる)
4. 彼女は家に_________がちな人で人に会うが好きではない。(引(ひ)きこもる)

낱말과 표현

経済成長(けいざいせいちょう) 경제성장 | 豊(ゆた)かだ 풍족하다, 풍부하다 | 中心地(ちゅうしんち) 중심지 | バーベキュー 바비큐(barbecue) | 海水浴(かいすいよく) 해수욕 | 流暢(りゅうちょう)だ 유창하다 | 睡眠(すいみん) 수면 | 鍵(かぎ) 열쇠 | 恋(こい) 연애 | かけひき 흥정 | 嘘(うそ) 거짓말 | 悲観的(ひかんてき) 비관적 | 引(ひ)きこもる 틀어박히다

Exercise 11 과 심화 연습 문제

次の文章を読んで、後の問いに対する答えとして、最もよいものを１・２・３・４から一つ選びなさい。

冬の北海道は子どもから大人まで心をうきうきさせる(注1)魅力がある。そんな冬の北海道を美しく飾る「札幌雪まつり」は、毎年国内外から200万人以上が訪れる人気の祭りである。

祭りが始まったのは1950年。当時、中・高校生たちによって高さ5メートルの雪の作品が6つほど作られたという。たった６つの作品だが、それはそれまでゴミでしかなかった雪を、新たに芸術作品として誕生させたことは、冬の苦労や大変さを楽しさに変えるという発想を引き出し、それが今の祭りを(注2)作り上げている。

札幌雪まつりは国内だけでなく、海外の参加者を招き入れて、雪の作品を競い合う大会を開くなど、(注3)国際色が強いのも(注4)特徴だ。また、祭りでは雪の作品に加えて、氷の作品もたくさんあり、「冬の芸術祭」といっても過言ではないだろう。

札幌雪まつりといえば、大きな雪や氷の作品の見物ばかりと思われがちだが、実は家族づれで楽しめる催しも盛りだくさんである。雪のすべり台や歩くスキーなど、家族がいっしょに遊べる点がこの祭りの①観光アピールになっている。

最近の祭りの目玉は大きな雪の作品にＣＧアニメーションを写す「プロジェクションマッピング」だ。建物などにアニメーションを合成させるこの技術は、真っ白な雪の作品に、アニメーションでストーリーを組み合わせ、雪による新たな表現を生み出している。このように、今後も札幌雪まつりは自由な発想と表現によって、②ますます発展していくことだろう。

(注1) 魅力：人を夢中にさせる力

(注2) 作り上げる：完成させる

(注3) 国際色：さまざまな国の人が集まってできる雰囲気

(注4) 特徴：ほかと比べて目立つ点

1 「札幌雪まつり」と関係ないのはどれか。

1 観客が毎年200万人を越える祭りである。

2 日本でたった一つしかない雪の祭りである。

3 海外から参加した作品も見れる祭りである。

4 家族づれで楽しむことができる祭りである。

2 ①観光アピールになっているのはどうしてか。

1 大きな雪や氷の作品を楽しめるから

2 国際色が豊かな大会が開かれるから

3 雪のすべり台や歩くスキーがあるから

4 子どもから大人まで家族で楽しめるから

3 筆者は②ますます発展していく理由についてどう考えているか。

1 札幌雪まつりの原動力には自由な発想があるため

2 札幌雪まつりは新しい技術で作品を作っているため

3 札幌雪まつりは海外の作品もあり国際的であるため

4 札幌雪まつりの原動力によって楽しさを引き出すため

12과

相撲(すもう) 스모

워밍업 Warming-up

❶ 일본에서 「相撲」는 언제부터 하기 시작했을까요?

❷ 相撲 선수는 일본어로 뭐라고 하나요?

핵심 표현 key Expression

❶ やがて、相撲はその年(とし)を占(うらな)う儀式(ぎしき)として行(おこな)われるようになった。

❷ 普通(ふつう)の力士から横綱(よこづな)になって、横綱でい続(つづ)ける。

❸ 横綱でい続けることがどれほど難しく大変なのかがわかる。

❹ この横綱をつける力士は神(かみ)により近(ちか)い存在(そんざい)であることを表(あらわ)す。

단어 노트

- 国技(こくぎ) 국기(일본은 스모)
- 相撲(すもう)を取(と)る 스모를 하다
- ベルト 벨트(belt)
- 試合(しあい) 시합
- 直径(ちょっけい) 직경
- 倒(たお)す 쓰러뜨리다, 넘어뜨리다
- 勝敗(しょうはい)を争(あらそ)う 승패를 겨루다
- 占(うらな)う 점치다
- 降(お)りる 내리다
- 抱(だ)く 안다, 품다
- 娯楽(ごらく) 오락
- ランク 랭크(rank)
- つながる 연결되다
- 成績(せいせき) 성적
- 最高位(さいこうい) 최고위
- 引退(いんたい)する 은퇴하다
- 常(つね)に 항상
- 期待(きたい) 기대
- 重圧(じゅうあつ) 중압
- 耐(た)える 견디다
- 実力(じつりょく) 실력
- 精神(せいしん) 정신
- 品格(ひんかく) 품격
- 兼(か)ね備(そな)える 겸비하다
- 条件(じょうけん) 조건
- 周囲(しゅうい) 주위
- 清(きよ)める 맑게 하다, 부정을 없애다
- 尊(とうと)い 소중하다, 고귀하다

Reading 12과

본문 읽기 1-1

相撲(すもう)

Track 12-01

相撲は日本の国技として国民に広く愛されている伝統的なスポーツである。①プロの相撲選手は「力士(りきし)」といい、相撲を取るときは服を着ず、「まわし」というベルトだけを締めて登場する。相撲の試合は、「土俵(どひょう)」という直径4.55メートルの円の中で行われ、相手を倒すか土俵の外に出すかで勝敗を争う。

相撲の歴史は1,500年以上と大変古く、奈良時代の『日本書紀(にほんしょき)』によると、垂仁天皇(すいにんてんのう)の前で野見宿禰(のみのすくね)と当麻蹴速(たいまのけはや)が相撲を取ったとあり、②これが相撲の始まりだといわれている。

やがて、相撲は力士の勝敗でその年の実りを占う宮中行事として行われるようになった。神の前で試合を行う力士は神が降りてくる者とされ、現在でも力士に赤ん坊を抱いてもらうと、その子は元気に育つと信じられている。

貴族の時代から武士の時代になると、相撲は武士の心や体を強くするための「武道(ぶどう)」として行われた。室町(むろまち)時代末期から江戸時代に入ると、プロの力士が登場し、全国各地を回って試合を行うなど、相撲は庶民の娯楽の一つになっていった。③この頃の相撲が現在のプロ相撲である「大相撲(おおずもう)」につながっていくことになる。

Writing 12과

내용 확인 문제 1-1

1 '①プロの相撲(すもう)選手'와 같은 말을 찾아 써 보세요.

→ ______________________________

2 '②これ'가 가리키는 것을 찾아 써 보세요.

→ ______________________________

3 '相撲'의 설명과 맞지 않는 것을 다음 ①~④에서 하나 고르세요.

① 奈良時代、プロの相撲が全国的に始まった。

② 昔、相撲の勝敗で一年の実りを占った。

③ 力士は神が降りてくる者と信じられていた。

④ 江戸時代、相撲は庶民の娯楽の一つだった。

4 '③この頃' 가 가리키는 것을 찾아 써 보세요.

→ ______________________________

핵심 포인트

相撲(すもう)는 일본의 전통스포츠인데, 그 역사는 어느 정도 되고, 시합의 승패는 어떻게 가르는지, 또 相撲 선수가 갓난아이를 안아주면 어떤 효과가 있다고 믿고 있는지 등의 정보를 파악해 보면 내용을 쉽게 이해할 수 있다.

Reading 12과 본문 읽기 1-2

Track 12-02

大相撲では試合の勝敗を星で数え、勝てば「白星」、負ければ「黒星」と呼ぶ。そして、15日間の試合期間中で白星の数が八つ以上になると、力士のランクが上がることにつながる。また、大相撲には「番付(ばんづけ)」というランク表があり、番付の順は最高位の横綱(よこづな)から、大関(おおぜき)、関脇(せきわけ)、小結(こむすび)、そして前頭(まえがしら)と続く。

試合の成績によって力士のランクが変わる番付だが、最高位である横綱だけはランクが変わらない。その代わり横綱は黒星が続くと、相撲の世界から引退しなければならない。つまり、横綱は常に試合に勝ち続けなければならなく、①その期待と重圧に一人耐えなければならないのだ。

さらに、横綱は相撲の実力や精神の強さだけでなく、人間としての品格を兼ね備えた者でなければならないとされる。最高位になるための条件、最高位になってからの重圧。普通の力士から横綱になって、横綱でい続けることがどれほど難しく大変なのかがわかる。

横綱は最高位だけに、まわしの上に力士の最高位を象徴する白いベルトを締める。この白いベルトは「横綱」と呼ばれ、最高位の力士を表す「横綱」という言葉はこれに由来している。

実はこの横綱は、神社や神棚、正月の飾りによく似たものを見ることができる。②これらは人間が住む世界と神の世界を区別し、神が降りてこられるよう周囲を清めるものである。つまり、この横綱をつける力士は普通の人間とは違って、神により近い存在であることを表す。

このように横綱をはじめ、力士たちは昔から常に神に一番近い所で相撲を取ってきた。時代によって相撲の目的は変わってきたが、③このことが現在でも日本人にとって相撲がただのスポーツ競技や娯楽ではなく、尊く特別なものにさせているのかもしれない。

Writing 12과

내용 확인 문제 1-2

1 '番付(ばんづけ)'와 관련해서 올바른 것을 다음 ①~④에서 하나 고르세요.

① 番付とは、試合ごとの力士の成績である。

② 黒星が八つ以上になると、番付が上がる。

③ 番付の最高位は横綱で、大関、関脇と続く。

④ 横綱は白星が続くと、引退しなければならない。

2 '①その期待' 가 가리키는 것을 찾아 써 보세요.

→ ______________________________

3 '②これら' 가 가리키는 것을 찾아 써 보세요.

→ ______________________________

4 '③このこと' 가 가리키는 것을 찾아 써 보세요.

→ ______________________________

핵심 포인트

大相撲(おおずもう)에는 番付(ばんづけ)라는 순위표가 있는데 그 순서가 어떻게 되는지, 스모의 최고위인 横綱(よこづな)는 스모의 실력과 강한 정신력 외에 또 무엇을 갖추어야 하는지, 그리고 横綱라는 말의 유래 등의 정보를 파악해 보면 내용을 쉽게 이해할 수 있다.

相撲

Track 12-03

相撲は日本の国技として国民に広く愛されている伝統的なスポーツである。プロの相撲選手は「力士」といい、相撲を取るときは服を着ず、「まわし」というベルトだけを締めて登場する。相撲の試合は、「土俵」という直径4.55メートルの円の中で行われ、相手を倒すか土俵の外に出すかで勝敗を争う。

相撲の歴史は1,500年以上と大変古く、奈良時代の『日本書紀』によると、垂仁天皇の前で野見宿禰と当麻蹴速が相撲を取ったとあり、これが相撲の始まりだといわれている。

やがて、相撲は力士の勝敗でその年の実りを占う宮中行事として行われるようになった。神の前で試合を行う力士は神が降りてくる者とされ、現在でも力士に赤ん坊を抱いてもらうと、その子は元気に育つと信じられている。

貴族の時代から武士の時代になると、相撲は武士の心や体を強くするための「武道」として行われた。室町時代末期から江戸時代に入ると、プロの力士が登場し、全国各地を回って試合を行うなど、相撲は庶民の娯楽の一つになっていった。この頃の相撲が現在のプロ相撲である「大相撲」につながっていくことになる。

大相撲では試合の勝敗を星で数え、勝てば「白星」、負ければ「黒星」と呼ぶ。そして、15日間の試合期間中で白星の数が八つ以上になると、力士のランクが上がることにつながる。また、大相撲には「番付」というランク表があり、番付の順は最高位の横綱から、大関、関脇、小結、そして前頭と続く。

試合の成績によって力士のランクが変わる番付だが、最高位である横綱だけはランクが変わらない。その代わり横綱は黒星が続くと、相撲の世界から引退しなければならない。つまり、横綱は常に試合に勝ち続けなければならなく、その期待と重圧に一人耐えなければならないのだ。

さらに、横綱は相撲の実力や精神の強さだけでなく、人間としての品格を兼ね備えた者でなければならないとされる。最高位になるための条件、最高位になってからの重圧。普通の力士から横綱になって、横綱でい続けることがどれほど難しく大変なのかがわかる。

横綱は最高位だけに、まわしの上に力士の最高位を象徴する白いベルトを締める。この白いベルトは「横綱」と呼ばれ、最高位の力士を表す「横綱」という言葉はこれに由来している。

実はこの横綱は、神社や神棚、正月の飾りによく似たものを見ることができる。これらは人間が住む世界と神の世界を区別し、神が降りてこられるよう周囲を清めるものである。つまり、この横綱をつける力士は普通の人間とは違って、神により近い存在であることを表す。

このように横綱をはじめ、力士たちは昔から常に神に一番近い所で相撲を取ってきた。時代によって相撲の目的は変わってきたが、このことが現在でも日本人にとって相撲がただのスポーツ競技や娯楽ではなく、尊く特別なものにさせているのかもしれない。

Writing 12과

내용 확인 문제 2

◉ 다음 본문의 내용에 대한 질문에 답해 보세요.

1 相撲(すもう)の勝敗(しょうはい)はどうやって決まりますか。

→ ______________________________

2 武士(ぶし)の時代(じだい)の相撲にはどんな意味(いみ)がありましたか。

→ ______________________________

3 横綱(よこづな)だけ番付(ばんづけ)のランクが変(か)わらないのはどうしてですか。

→ ______________________________

4 横綱になるためには何(なに)が必要(ひつよう)ですか。

→ ______________________________

5 横綱のベルトに似(に)たものをどこで見(み)ることができますか。

→ ______________________________

6 日本人(にほんじん)にとって相撲が尊(とうと)く特別(とくべつ)な理由(りゆう)は何ですか。

→ ______________________________

쉬어 가기

ちゃんこ鍋(なべ)(잔코나베)

일본의 鍋(なべ)요리에는 여러 종류가 있는데 주로 相撲(すもう) 선수들이 체중을 늘리기 위해 즐겨먹는 먹는 것을 총칭하여 이르는 말이 ちゃんこ鍋이다. ちゃんこ鍋는 일정한 조리법에 의해 만드는 것은 아니고, 자기가 좋아하는 것이라면 무엇이든지 넣어서 만들 수 있다. 다시마나 닭고기 뼈 등으로 국물을 내서 닭고기와 두부, 파, 배추 등의 채소를 넣고 끓여 먹는 것이 가장 일반적이다.

相撲 선수들의 하루 일과는 연습으로 시작한다. 그들은 격렬하고 심한 운동 등으로 몸을 혹사시킨 뒤에 아침 겸 점심으로 ちゃんこ鍋를 먹는다. 相撲 선수들은 경기의 특성상 몸이 밀리지 않도록 하기 위해 체중을 늘리는 것이 무엇보다 중요하다. 따라서 그 수련의 하나로써 많은 양의 식사를 취하는 것은 빼놓을 수 없다. 식사의 양을 늘리기 위해서는 국물이 많은 ちゃんこ鍋가 적당한데, 이것은 고기와 생선, 두부, 채소 등으로 구성되기 때문에 영양도 매우 풍부하다. 또 많은 인원의 선수들이 한꺼번에 식사하기 위해서는 손쉬운 鍋요리가 합리적이다. 이러한 이유에서 ちゃんこ鍋는 相撲 업계 특유의 요리로 자리 잡았다.

ちゃんこ鍋는 은퇴한 相撲 선수 중에서 요리에 능통한 선수가 음식점을 운영하면서 종종 제공되었다. 지금은 일반인들에게도 친숙한 요리의 하나가 되었는데, ちゃんこ鍋를 요리점의 메뉴로서 최초로 도입한 가게가 「ちゃんこ川崎(かわさき)」이다. 그 가게는 1937년 도쿄 「両国(りょうごく)」라는 곳에서 창업했는데, 그 両国 지역은 많은 相撲 선수들을 배출한 곳이다.

ちゃんこ鍋는 相撲 시합이 있는 기간에는 선수들이 거의 매일 닭고기가 들어간 ちゃんこ鍋를 먹게 되는데, 그 이유는 力士(りきし)는 언제나 닭과 같이 두 다리로 버터야 하기 때문이다. 相撲 시합에서 土俵(どひょう)에 손이 닿는 것은 곧 패배를 의미하기 때문에 네 발 달린 짐승의 고기를 피했던 것이다.

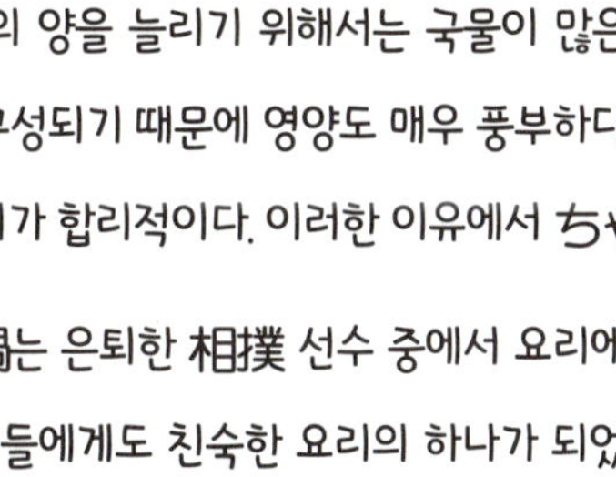

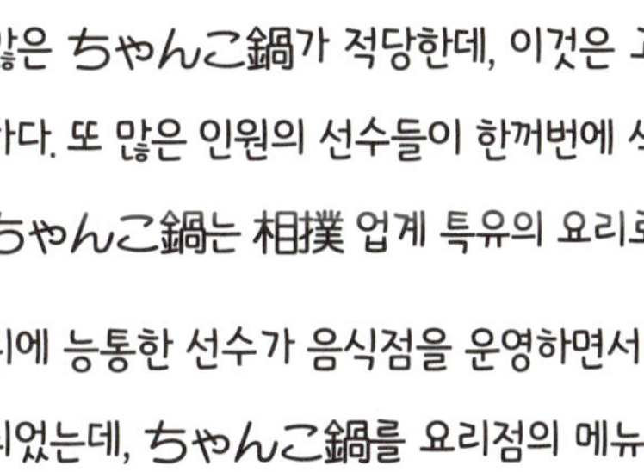

Pattern 12 과 **핵심 문형**

01 やがて 머지않아, 이윽고

짧은 시간 뒤에 뭔가가 일어날 경우에 사용하는 표현으로 '머지않아, 곧, 이윽고'라는 뜻을 나타낸다. 「**~になる**(~가 되다), **~にいたる**(~에 이르다)」와 같은 '자연스러운 변화로 그와 같이 되었다'라는 표현과 함께 쓰이는 경우가 많다.

- やがて、相撲はその年を占う儀式として行われるようになった。
- その流行はやがて人気がなくなるだろう。
- 長年かけて備わった知性はやがて品格になる。
- 二人の姿は次第に小さくなり、やがて見えなくなってしまった。

02 ~続ける 계속 ~하다

동사 **ます**형에 연결되어 '동작이나 습관을 계속하거나 작용이 계속되고 있다'라고 하는 의미를 나타낸다. 또 '계속 하고 있다, 쭉 계속되고 있다'는 것을 강조할 때도 사용한다.

- 普通の力士から横綱になって、横綱でい続ける。
- 大声を出し続けて声をからした。
- 学生たちは断られても頼み続ける粘り強さを学んだ。
- 子ども達と触れ合い、夢を追い続けることの大切さを伝えたい。

낱말과 표현

流行 유행 | 長年 오랜 세월 | かける (시간을) 들이다 | 備わる 갖춰지다 | 知性 지성 | 品格 품격 | 次第に 차차 | からす (목이) 쉬게 하다 | 粘り強さ 끈기, 인내 | 触れ合う 접촉하다

03 どれほど~か 얼마나 ~는지

반문을 나타내는 조사 「か」를 동반해서 의문이나 반대의 결론을 이끌어내는 표현이다. 어떤 사실에 대해 기대할 만큼은 아니라고 생각하는 기분이나 의문이 있을 경우에 사용한다.

- 横綱でい続けることがどれほど難しく大変なのかがわかる。
- あの人にはどれほどお世話になったか、わからない。
- 子どもの帰りが遅いので、その母親はどれほど心配したことか。
- こんな薬を飲んで、癌にどれほどの効果があるのだろうか。

04 より 보다, 한결

어떤 사실의 정도가 더욱더 심해짐을 나타내는 표현이다. 격조사 「より」의 '비교의 기준'을 나타내는 용법에서 '부사'로 전용된 것으로 '보다, 한결, 더욱더'라는 의미를 나타낸다. 서구어의 비교급 번역어로서 생겨난 말이다.

- この横綱をつける力士は、神により近い存在であることを表す。
- 私にとって仕事は自分の人生をより輝かせるためのものです。
- 人文社会科学の知識を携えて、より人間的な工学研究者になりたい。
- こちらの方がより純粋で、かつ美しい気がする。

낱말과 표현

世話(せわ)になる 신세를 지다 | 帰(かえ)り 귀가 | 癌(がん) 암 | 効果(こうか) 효과 | 輝(かがや)く 빛나다, 반짝이다 | 人文社会科学(じんぶんしゃかいかがく) 인문사회과학 | 知識(ちしき) 지식 | 携(たずさ)える 지니다 | 工学研究者(こうがくけんきゅうしゃ) 공학연구자 | 純粋(じゅんすい)だ 순수하다 | かつ 또, 또한

Exercise 12과

기본 연습 문제

1 다음 밑줄 친 단어 중 한자는 히라가나로, 가타카나는 한자로 고쳐 쓰세요.

1 相撲は日本の<u>国技</u>として国民に広く愛されている。
(　　　　　　　)

2 相撲の試合は、「土俵」という<u>直径</u>4.55メートルの円の中で行われる。
(　　　　　　　)

3 相手を倒すか土俵の外に出すかで<u>ショウハイ</u>を争う。
(　　　　　　　)

4 相撲は庶民の<u>ゴラク</u>の一つになった。　(　　　　　　　)

2 다음 (　) 안의 동사를 알맞은 형태로 바꾸어 빈칸에 써 넣으세요.

1 彼女はその批判(ひはん)に＿＿＿＿＿続(つづ)けた。(耐(た)える)

2 彼はきっと自分自身を＿＿＿＿＿続けるだろう。(責(せ)める)

3 その女性たちは自分たちの主張(しゅちょう)を＿＿＿＿＿続けた。(守(まも)る)

4 あなたは私を＿＿＿＿＿続けました。(欺(あざむ)く)

낱말과 표현

批判(ひはん) 비판 | 耐(た)える 견디다 | 責(せ)める 괴롭히다, 비난하다 | 主張(しゅちょう) 주장 | 守(まも)る 지키다 | 欺(あざむ)く 속이다

3 다음 ( ) 안에 들어갈 알맞은 말을 〈보기〉에서 골라 문장을 완성하세요.

보기 どれほど　やがて　より

1 村山(むらやま)さんが(　　　　　)歌が上手か知らないが、歌手になれるとは思わない。

2 新しいビルは(　　　　　)高くなる傾向(けいこう)にある。

3 彼は(　　　　　)罪(つみ)に問(と)われるだろう。

4 다음 문장의 ___★___에 들어갈 알맞은 말을 1, 2, 3, 4 중에서 하나 고르세요.

1 彼の ______ ___★___ ______ ______ となった。

1 やがて　2 身の　3 災(わざわ)い　4 不注意が

2 30代を会社員として過ごしたが ___★___ ______ ______ ______ 。

1 農業に　2 やがて　3 道を　4 変えた

3 小2からパソコンで絵を描き始めた私は ______ ______ ___★___ ______ 。

1 やがて　2 ことになる　3 プログラミングを　4 始める

낱말과 표현

傾向(けいこう) 경향 | 罪(つみ) 죄 | 問(と)う 묻다 | 災(わざわ)い 재앙 | 不注意(ふちゅうい) 부주의 | 農業(のうぎょう) 농업 | 転向(てんこう)する 전향하다 | 小(しょう)2(に) 초등학교 2학년 | 描(か)く 그리다 | プログラミング 프로그래밍(programming)

Exercise 12과 심화 연습 문제

次の文章を読んで、後の問いに対する答えとして、最もよいものを１・２・３・４から一つ選びなさい。

力士になるためには、まず「相撲部屋」と呼ばれるグループに(注1)所属しなければならない。相撲部屋の代表は「①親方」と呼ばれ、部屋に所属する力士に相撲だけでなく、力士としての精神を教える。また、力士たちといっしょに暮らし、一人前の力士に育てていく。

相撲部屋が決まったら、次は日本相撲協会の(注2)検査を受けなければならない。検査に(注3)合格した者は、相撲の歴史や伝統文化などを授業で受けながら、相撲の練習をしたり、幕内力士の付き添いをしたり、忙しい毎日を送ることになる。

毎日の練習を重ねることで場所でよい成績を残し、力士たちはより上のランクを目指す。しかし、相撲は実力の世界である。病気やけがで試合に出られなかったり、黒星が続けば、やがて力士たちは②徐々に引退を考え始める。

引退を決めた力士はその後の人生を考えなければならない。しかし、残念ながら相撲を引退して、そのまま親方になったり、相撲部屋で教えられるのは、ほんの一部だけだ。力士時代によい成績を残すだけでなく、必要な(注4)資格がなければ、引退後も相撲の世界で生きていくことは難しい。

よって、多くの力士たちは引退後、相撲とは関係のない仕事をすることになる。つまり、力士とは全く別の人生を一から始めるということだ。力士として相撲を取ることも、それをやめることも、簡単なことではない。力士の人生がどれほど難しいものなのか改めて考えさせられる。

(注1) 所属：あるグループに入っていること

(注2) 検査：いいか悪いかを調べること

(注3) 合格：試験や検査に受かること

(注4) 資格：することができる条件

1 ①親方の仕事としてふさわしくないのはどれか。

1 力士の精神を伝える。

2 相撲を一から指導する。

3 力士をプロとして育てる。

4 相撲の歴史の授業をする。

2 ②徐々に引退を考え始めるとはどういう意味か。

1 少しずつ試合の成績が悪くなる。

2 少しずつ試合のけがが増えてくる。

3 だんだん力士をやめようか悩み出す。

4 だんだん力士の実力がなくなり出す。

3 筆者の考えとして合っているものはどれか。

1 相撲の世界は、先輩後輩の関係が厳しそうだ。

2 力士を教えることも、続けることも大変そうだ。

3 相撲の世界は、ランクを上げることが難しそうだ。

4 力士をすることも、やめることも苦労が多そうだ。